互联网时代商务英语教学实践研究

HULIANWANG SHIDAI SHANGWU YINGYU JIAOXUE SHIJIAN YANJIU

薛 燕◎著

河南大学出版社
HENAN UNIVERSITY PRESS
·郑州·

图书在版编目（CIP）数据

互联网时代商务英语教学实践研究 / 薛燕著.

郑州：河南大学出版社, 2024. 8. — ISBN 978-7-5649-6027-8

I.F7

中国国家版本馆 CIP 数据核字第 2024A9523X 号

责任编辑：陈　巧
责任校对：李圣杰　李　晨
封面设计：木铎文化

出版发行：河南大学出版社
　　地　址：郑州市郑东新区商务外环中华大厦 2401 号
　　电　话：0371-86059701（营销部）
　　网　址：hupress.henu.edu.cn　　邮　编：450046
排　版：河南大学出版社设计排版部
印　刷：广东虎彩云印刷有限公司
版　次：2024 年 8 月第 1 版　　印　次：2024 年 8 月第 1 次印刷
开　本：787 mm×1092 mm　1/16　印　张：13.5
字　数：200 千字　　定　价：38.00 元

（本书如有印装质量问题，请与河南大学出版社联系调换。）

前　言

　　商务英语是在商业活动中广泛使用的英语，属于特殊用途英语的一种。其学习不仅局限于语言层面，更核心的是掌握商务领域的相关英语知识和技能，以使学生在职场实践中做到游刃有余。商务英语的学习内容广泛涵盖商务谈判、商务写作、商务礼仪等，要求学生具备良好的沟通能力、团队合作精神和问题解决能力。通过学习商务英语，学生能够更好地融入国际化的商业环境，增强职场竞争力。

　　随着计算机技术的飞速发展，互联网已经成为推动社会经济发展的新兴力量，深刻改变了人们的生活与工作方式，并对商务活动产生了深远影响。在信息时代，商务活动已经突破传统面对面交流的局限，日益依赖于互联网和电子通信技术。因此，培养具备跨文化交际能力的复合型商务英语人才成为时代的迫切需求。这类人才不仅需要扎实的英语基础和深厚的商务知识，还需要熟悉并能灵活运用各种互联网工具和技术，以适应快速变化的商业环境。

　　为响应社会对复合型商务英语人才的需求，高校商务英语专业的创新发展刻不容缓。高校应聚焦于培养学生的实践能力和创新精神，增设与互联网技术紧密相关的课程，同时提供丰富的实践机会和实习项目，助力学生为未来职业生涯做好充分准备。唯有不断创新与发展，高校商务英语专业方能培养出更多符合时代需求的复合型商务英语人才。

　　本书共分为七章：第一章探讨互联网时代下的教育变革，并对商务英语进行了全面概述；第二章阐述商务英语教学的指导思想与基本理论；第三章聚焦于商务英语教学方法与课程体系的构建；第四章分析互联网时代下的商务英语口语与翻译教学策略；第五章研究商务英语写作与阅读教学的互联网应用；第六章介绍互联网时代商务礼仪教学及教学机制；第七章则针对当前商务英语教学中存在的问题提出改进建议。

目 录

第一章 互联网时代教育变革与商务英语概述 ... 1
- 第一节 互联网时代的教育变革 ... 1
- 第二节 互联网时代商务英语概述 ... 11

第二章 商务英语教学的指导思想与基本理论 ... 34
- 第一节 商务英语教学的指导思想 ... 34
- 第二节 商务英语教学基本理论 ... 49

第三章 商务英语教学方法与课程体系构建 ... 67
- 第一节 商务英语教学方法 ... 67
- 第二节 商务英语教学课程体系构建 ... 92

第四章 互联网时代商务英语口语与翻译教学 ... 106
- 第一节 互联网时代商务英语口语教学 ... 106
- 第二节 互联网时代商务英语翻译教学 ... 119

第五章 互联网时代商务英语写作与阅读教学 ... 132
- 第一节 互联网时代商务英语写作教学 ... 132
- 第二节 互联网时代商务英语阅读教学 ... 144

第六章 互联网时代商务礼仪教学与教学机制 ... 156
- 第一节 互联网时代商务礼仪教学 ... 156
- 第二节 互联网时代商务英语教学机制 ... 171

第七章 互联网时代商务英语教学中存在的问题与建议 ... 188
- 第一节 商务英语实践教学中存在的问题与建议 ... 188

第二节　商务英语教学方法中存在的问题与建议 …………………… 196

第三节　商务英语教材建设中存在的问题与建议 …………………… 202

参考文献 …………………………………………………………………… 205

第一章 互联网时代教育变革与商务英语概述

第一节 互联网时代的教育变革

在"互联网+"这一时代背景下,我国教育领域正面临前所未有的重大转折点,既有崭新的发展机遇,又伴随着一系列复杂且未知的挑战。因此,教育行业的深刻变革与转型已成必然趋势。

一、"互联网+"理念概述

信息技术的迅猛发展和创新元素的强劲推进,催生了众多依托互联网根基的新兴产业,它们逐渐成为社会生活与经济增长的核心驱动力。这些产业在深度融合传统行业的同时,也驱动后者实现革新、转型与升级,提高了产业经济的生产效能,推动了技术进步,为人类的生活方式和生产模式带来了前所未有的变革。在全球化的大背景下,中国也孕育出了"互联网+"这一理念,并通过与其他文明的广泛交流得以深化。

(一)"互联网+"概念的起源与发展

2012年11月14日,易观国际集团创始人、董事长兼CEO于扬在第五届移动互联网博览会上首次提出了"互联网+"的概念。他在演讲中解读了"互联网+"的本质,预言其将在未来表现为现有行业产品和服务与多屏全网跨平台用户体验相结合而产生的创新融合效应。第十二届全国人民代表大会上,马化腾提交了一份旨在加速推动"互联网+"发展的提案,并进一步解析了该概念,强调运用互联网平台和信息通信技术,使互联网与各传统行业深度融合,创造全新的生态系统。2014年4月21日,《人民日报》刊载文章,对"互联网+"的概念进行了更详尽的阐述,指出其代表了传统产业与互联网的深度整合趋势。另一互联网巨头阿里巴巴发布了关于"互联网+"的研究报告,对"互联网+"的概念给出了更为明确且具体的定义,认为它是传统产业转型升级的过程,并凸显了云计算、大数据以及新分工网络等信息技术对于推动各行各业互联网化进程的关键作用。

(二)理解"互联网+"的内涵

要准确理解"互联网+"这一理念,我们可以参照国务院发布的权威性指导文件——《国务院关于积极推进"互联网+"行动的指导意见》。该文件阐明,"互联网+"战略旨在深度整合互联网创新成果与社会经济体系中各领域的资源,旨在激发技术创新活力、提升运行效率和推动组织模式变革,从而强化实体经济的创新能力及生产力发展水平,并在此基础上构筑一个以互联网为内核驱动力的新时代经济社会发展模式。

社会各界对"互联网+"概念的具体认知尚未达成共识,这是正常的现象,因为不同行业领域和社会群体在解读时会有所侧重。从信息技术进步的维度来分析,"互联网+"代表着新一代网络技术引领的信息化进程新阶段;从宏观经济结构转型视角出发,"互联网+"是实体经济与互联网科技深度融合而催生出的一种新型经济形态;在社会治理现代化的框架下,"互联网+"则成为推进治理体系与治理能力现代化的有效手段;而在教育领域,"互联网+"被视作促进传统课堂教学与在线教育多元化融合发展的重要载体和工具。

总体来看,我们可以从理论和实践两个维度来探讨"互联网+"的意义。理论上,"互联网+"不仅将各类社会领域与互联网创新成果紧密结合,而且在这个新时代背景下,它已经成为推动经济社会发展的新生力量,重构了互联网技术和经济社会生产关系,促进了经济社会的创新发展。"互联网+"的影响并不是立即显现的,但正如学者卡斯特所言,历史上技术革新与经济生产力之间的显著时间差是普遍现象,新技术要全面渗透至经济体并大幅提升生产力,需要社会文化、制度、企业及生产过程中的各种因素发生实质性的转变,这是一个渐进而非一蹴而就的过程。实践中,"互联网+"作为一种新兴的产业形态,标志着社会发展和经济状况进入了崭新的高级阶段,它改变了人们的生活习惯、工作方式,并提升了公共服务水平。

随着"互联网+"时代的到来,信息技术和通信技术正以前所未有的速度进步着,智能设备和应用软件的广泛应用,预示着互联网2.0、互联网3.0甚至互联网4.0时代的来临。未来,信息科技革命将对产业革命产生更加深远的影响,"互联网+"将在各个行业中孕育出新型的经济和文化模式,大量新业态、新产业和商业模式将层出不穷。尤其是基于"互联网+"的大数据智慧协同创新模式将成为常态,包括教育行业在内的诸多领域也将产生迫切的改革需求。

二、"互联网+教育"的机遇

随着第三次工业革命的持续推进,社会经济对教育行业提出了全新的需求——培养具有多元化、个性化、创新精神和国际视野的人才。从教育领域的视角来审视,"互联网+教育"所带来的变革机遇不仅在于教育技术层面的创新突破,更深层次地涵盖了教学方法、教育观念以及教育制度等多元维度的深刻转变。这些变化值得我们深入探讨。

(一) 教育资源实现开放共享

教育资源配置是指各种教育资源在不同使用方向间的分配,旨在确保资源配置达到最大限度的有效利用。在"互联网+"时代背景下,教育资源的整合与开放程度得到了空前提升,让全民能够通过互联网接触到丰富的教育资源,这对于推进教育公平而言具有重大意义。

具体来说,以往教育资源主要集中在实体课堂或校园内部,学习者获取知识的方式受限于时间和空间条件。然而,互联网凭借其强大的存储能力和互动功能,突破了教育资源时空上的束缚,借助海量的在线知识库和信息库，使得每一位互联网终端用户都能共享全球教育资源。

（二）教学模式转向多元互动

"互联网+教育"的融合发展促使传统教学模式发生根本性转变，包括教学资源、教学平台、各类教育软件和视频等形式多样的新媒体、新载体成为颠覆传统教学的重要因素。在这样的环境中，课堂教学不再是唯一途径，教师也不再是唯一的知识传播者，学生获取知识的来源更加丰富多元。

更具体地讲，基于"互联网+"技术的教学模式更加注重交互性和多样性，构建了一个资源共享、交流协作的学习环境。在这种模式中，学习者可以在与教师互动的过程中自然而然地完成学习任务，从而达到甚至超越预期的教学成果。同时，教师转变为学生的辅助者和服务者，从单向的知识传授转为引导学生参与对话，为学生提供适宜的教学资源，激发学生兴趣，并能根据互联网实时反馈、及时调整教学策略，有效处理学生的问题和需求。例如，翻转课堂就是一种典型依托互联网技术实现师生互动的教学模式。总之，在"互联网+教育"的多元互动教学模式下，教学效果更明显、效率更高、内容更充实，师生之间以及学生之间的互动更为显著，学生的自主学习能力与发现问题能力得到提高，教学质量得以全面提升。

（三）学习方式呈现自主个性

在"互联网+"时代，学习方式不再受制于固定的时间和地点，变得更加自主化。过去，学习者需要适应既定的学习模式和有限的教育资源，而现在，他们可以通过互联网打破这些壁垒，随时随地开展学习活动。例如，网络在线课程就很好地展现了这种特性，从课程选择、学习过程、互动交流到自我评价，学习者都能自主掌控。通过互联网提供的多种渠道，学习者能够独立解决问题，形成自主学习的习惯，提高自主学习能力。

"互联网+教育"强调以学习者为中心，尊重并满足他们的个性化需求，鼓励学习者发挥自主性，发掘自己的潜能。因此，未来的在线教育将更加注重个性化和自主化的学习体验,有利于更好地实践因材施教的理念。

(四)教育生态趋向和谐多样

"互联网+"的影响也深刻改变了教育生态结构,使之朝着更加和谐且多样的方向发展。教育生态包含了教育参与者、教育机构、教育形式和制度等多种元素,而在互联网技术支持下,教育管理、教学工作和教学评价等方面得以持续改进,促进了教育生态的便捷高效发展。长远来看,信息技术与教育行业的深度融合将持续优化教育资源、改变教学模式、重塑教学关系和教学形式,未来的教育服务和教育体系等教育生态内外部因素都将经历深远的变革。

具体来说,得益于"互联网+"的发展,教育生态的机遇主要表现在教育制度和教育服务两个方面。一方面,原有的教育体制,如实体学校仍将继续存在;另一方面,远程教育、泛在学习、线上线下结合的新型学制等也将逐渐被广泛接纳。在新的教育生态中,学习者可以根据个人需求,通过互联网选择合适的学习路径和课程,灵活积累学分,进而实现学历学位的提升。尤其在新冠疫情事件期间,网络授课等在线教育模式迅速普及,与之相应的教育制度也应运而生。总的来说,构建终身教育体系、促进各类教育衔接、满足个体学习需求以及创建新型学习教育制度等目标都离不开"互联网+"的助力。

综上所述,"互联网+教育"的深度融合引领了教育领域的全面变革,带来了开放共享的教育资源、互动多元的教学模式、自主个性的学习方式以及和谐多样的教育生态。而且,这种融合还将继续深化教育改革,推动教育事业向着更加开放、包容、高效的方向前进。

三、"互联网+教育"的挑战

"互联网+"国家战略和行动计划的推行与实施,为我国教育行业的发展和前行提供了难得的机遇,是教育变革趋势路途上的一盏明灯。从教师、学生、学校和社会层面来看,依赖通信技术和信息技术的"互联网

+"时代对于教育的挑战主要体现在以下几个方面。

(一)教师:教学理念需要深化,教学素养亟待提升

"互联网+"时代,教育的方方面面都开始逐渐融入信息通信技术,从而促进了知识产业链的重组、重构,也使得知识的产生、传播和消费途径发生改变。人们对于知识本身的认知方式和选择方式便也不再固化,知识的优化与再造也有望实现。互联网技术也同时影响人们的知识观。与传统知识观相比,"互联网+"时代的知识观更聚焦于综合性、批判性、人文性和科学性,强调人在知识中的地位和作用。因此,教育中教师如何处理知识、采用何种方式教学便直接体现了教师的教学理念是否顺应了时代需求。

"互联网+"对教育领域产生了显著影响,尤其是在教学模式的创新方面。为了适应这一变革,教师需要更新自身的教学理念,摒弃长久以来的"教师主导型"教学观,转而构筑一个"以学生为主体"的新型教学模式,切实将学生或学习者视为教育服务的核心对象,既要保证他们自主学习能力的发展空间,又要满足其个体化的学习需求。

(二)学生:辨识能力需要加强,自主能力面临挑战

在互联网的推动下,获取丰富优质的教学资源变得更加便捷,但这同时也伴随着新的挑战。对于学生来说,如何从浩瀚的知识海洋中筛选合适的内容进行学习,并在达成学习目标的同时提升自主学习能力,是一项艰巨的任务。

首先,在传统的教育体系里,知识来源相对固定且集中,信息量有限,对学生的学习要求相对较低,他们的主要任务是吸收和掌握固化的知识内容。

其次,网络教育环境下,学生们面对的是分散、零碎的学习内容和时间安排,往往难以深入思考并有效利用碎片时间来达到学习目的。

再次,在倡导自主学习的过程中,若缺乏有效的管理和引导机制,学习者可能会陷入无监管的状态。在网络空间中,许多学生倾向于追求娱乐

化和趣味性的学习体验，当遇到较为枯燥的基础知识时，部分学生可能难以保持专注并深入思考，此时缺乏监督可能导致实际学习效果背离初衷。

最后，面对海量而纷繁复杂的信息，不仅教师需要提高筛选能力，而且学生在这方面的需求也同样迫切。在信息化社会，如果学习者不具备快速学习新知识的能力以及必要的信息处理技能，他们将很难完成知识的积累与整合工作，更无法适应"互联网+"时代所带来的教育方式的变革。

（三）学校：教育服务的配套能力需要完善和创新

"互联网+"对学校教育体系的冲击是颠覆性的，每一所学校都面临着生存与淘汰的激烈竞争。那些未能与时俱进、积极进行转型升级以适应新时代要求的学校，很可能在竞争中败下阵来，并最终面临停办的风险。为何"互联网+"的演进会对学校构成如此严峻的挑战呢？核心问题在于许多学校的教育服务配套能力尚显不足且不完善。"互联网+教育"的发展态势值得我们高度重视。

"互联网+教育"模式的有效运行离不开学校等教育机构在硬件设施、软件平台及多方面综合配套设施上的不断完善和优化。然而，这种配套能力并非仅仅通过单纯的技术改造或硬件升级就能达成。"互联网+"的核心要义在于通过"+"连接起各类数据，实现万物互联。万物互联的本质是使各种信息（数据）得以更自由地流动，打破其与其他要素间的紧密耦合关系，从而拓宽其应用领域并提升价值。这里的"+"意味着不同行业通过信息、数据的连接形成跨界融合，催生出新的业态。因此，学校应当在互联网技术与教育行业的深度融合中找准自身的定位和角色，以互联网作为基础设施与创新驱动力，努力成为构建和推动新教育生态系统的积极参与者，而非阻碍进步的绊脚石。

（四）制度：教育体制机制需要健全

"互联网+"的实质在于与各行业深度融合，创新业态，并在社会发展及教育改革进程中展现更为广阔的发展潜力。然而，要实现这一目标，很大程度上依赖于教育体制和教学机制的有效支持。遗憾的是，当前既有政策与教育制度在推动"互联网+教育"的发展过程中，或与其实际需求相冲突，或无法提供有力的支持。因此，如何构建和完善新的教育机制以确保"互联网+"、教育的深度融合和创新发展，以及如何在政策和法规层面上引导其规范前行，成为"互联网+"带给教育行业的又一重大挑战。

初期阶段，"互联网+教育"开始受到关注时，出台了一系列相关政策文件，对解决部分环节问题起到了一定作用，并在一定程度上促进了二者的跨界融合。然而，随着互联网技术的深度拓展和其本身与各行各业愈发紧密的连接，仅靠教育体制表层的初步调整已经无法满足教育领域应对互联网变革的需求。教育改革正面临着整体性、综合性的迫切需求，而当前缺乏系统设计的"互联网+教育"体制亟待进一步完善和健全。从课堂教学到学校管理，从教师角色到学生学习方式，再到当前教育任务与未来教育趋势的对接，"互联网+"时代下的教育转型似乎还未能找准明确的方向，在发展的关键节点上缺乏有效的指导。在制度制定、执行和监管等各个环节中，均存在不同程度的问题，其中尤为突出的是教育机制尚未形成科学化、体系化的运作模式。

四、"互联网+教育"的创新变革

构建创新的教育变革体系是"互联网+"时代的发展必然。"互联网+教育"行动计划正是两者跨界融合的正确方向，是教育模式深化变革的契机，在教育资源、教育范式、教育机制和教育服务等方面都可以实现创新的教育模式。

（一）"互联网+教育资源"

教育资源的优化配置是实现"互联网+教育"真正融合的重要基础和核心竞争力。

首先，要确保教育投入的充足与持续增长。在整体规划和分配专项经费时，教育行政管理部门及各类学校等教育实体应将教育资源信息化基础建设置于优先位置，同时积极动员全社会各领域共同参与"互联网+教育"的资源配置建设工作。其次，要不断深化教育资源的优化配置。尽管当前我国网络技术已广泛覆盖全国各地，但农村地区和偏远山区的教育信息化设施依然相对落后，表现为教师教学设备不足、学生学习环境简陋等问题，导致教育资源的有效利用受到严重制约。因此，通过逐步构建共建共享的服务机制，有序扩展资源覆盖范围，可以实现教育资源的最优化配置。教育资源平台的搭建应当采取自上而下的统筹设计，并实施由点到面、多维度、多层次的整体布局。

(二)"互联网+教育范式"

教育范式的创新发展是互联网与教育融合的必然趋势。

"互联网+"时代的出现，本身就是信息革新的结果。教育范式在与其结合的过程中，产生新的教学模式，智慧教学、深度学习等最终都会稳定实现。网络环境下，教学目标、教学内容、教学方法和教学反馈等都在和互联网技术紧密契合，教学相关要素正在或者即将发生深刻的变化。互联网给予教育丰富的主题，教育输出方式和评价体系也由此产生新的范式。教育者与学习者、教师与学生的教与学两种行为之间，已经不再是之前的传统关系，它们被赋予更多的类型、角色、身份和层次。教师和学生都不再是单一的个体，他们在具有强大生成性功能的互联网催生的智慧环境下，逐步形成一个有机的整体，教学相长，教与学互为一体。在此过程中，信息的整合与再生、知识的建构与重构、资源的迁移与运用不再是教学或学习的深层表现，而是"互联网+教育"的常态模式。

(三)"互联网+教育机制"

教育管理、教师发展、学生体验、教育评价的革新是"互联网+教育机制"的核心内容。

首先，基于互联网的大数据技术为教育管理的智慧化提供了有利的外部环境。教育管理制度的制定与评价可实现全面数字化与自动化，通过云计算技术等方法拓展教育管理业务范围，提升管理工作的效率，动态监测教育运行情况。同时，通过对管理服务数据进行分析，能够反馈管理质量和水平，及时全面地调整管理模式，实现教育管理的精准化和扁平化。其次，教师信息化发展水平是实现"互联网+教育机制"的基础。提升教师的信息技术应用水平可以通过拓展培训内容、强化专业培训和开发多层次培训体系来逐级逐步达成。在技术培训与教学实践中设立激励机制，巩固并鼓励教师的数字化教学。最后，学习者的需求和体验决定了"互联网+教育机制"的导向。大数据技术的精准定位能综合分析学习者的学习兴趣，为学习者打造更个性化、人性化的学习体验，持续激发学习者的学习动力，促进学习者的深度参与。学习者的个性化指导也是"互联网+教育机制"的探索方向。利用信息化技术，科学合理引导学习者，帮助其提高信息识别和信息整合水平；在促进学习者深化知识的同时，关注其辩证思考和协作学习的能力；借助各种互联网教育平台，满足学习者个性化需求，制定专属学习模式。

（四）"互联网+教育服务"

教育服务方式的转变是实现"互联网+教育"的重要保障。

教育服务的供给方式和评价体系不再是传统的简单配给制，而是以消费为驱动的个性化需求作为发展导向。首先，传统的教育服务大多是定向的、单一的，"互联网+教育"融合下的教育供给更尊重消费者（学习者）独立自主的学习需求，当某种教育服务被市场认可时，才能真正成为助推教育革新的力量。教育服务不再仅仅停留于表层，而更多地开始深耕教育领域的方方面面，甚至渗透到相关的社会生产生活的各领域，全面面向各类教育机构、教育者、学习者等，提供一体化的人性服务。在此过程中，互联网与教育服务实践深度融合，既是教育行业发展的新要素，又是教育创新的重要驱动。其次，教育服务的评价体系也变得更加精确、便捷。教育服务的好坏需要评价体系进行正确及时的反馈。互联网技术使得教育服务的评价数据实现信息化、全方位覆盖，使得评价体系更全面、系统，教育服务的内涵和功能得以实现。通过互联网教育云平台等系统，教师、学生、家长、管理者都可以对教育服务进行评价，所有参与者既可以是评价对象，也可以成为评价主体。教育服务的评价模式可以引入到社会各个方面，实践上也更加便捷。

第二节 互联网时代商务英语概述

一、商务英语教学的产生

随着社会对高水平对外经贸技能人才的需求急剧攀升，特别是在对外贸易企业中，拥有商务英语专业背景的毕业生尤为紧缺，各高校正积极采取有力措施深化英语教育教学改革。他们不仅在原有英语语言文学专业上精益求精，还纷纷推出不同层次的商务英语专业课程设置，目的在于培养符合市场需求的具备多种技能的英语专业人才。

（一）商务英语教学的起源与发展

张佐成在其著作《商务英语的理论与实践研究》中指出，20世纪50年代初在北京建立的高级商业干部学校，即现今对外经济贸易大学的前身，可视为中国商务英语教学的发源地。该校设立之初旨在培养对外贸易专业人才，并设置了外语翻译专业以培训外贸翻译人员。随后，北京对外贸易学院及后来的对外经济贸易大学继承了这一传统，开始招收专注于广义或狭义国际商务领域的英语专业学生。

商务英语作为一种特定用途的英语，在20世纪60年代随着美国及其他西方国家经济与商贸活动的繁荣而逐渐受到国际社会的关注，并在20世纪80年代发展为全球范围内的热门学习领域。时至今日，每年都有大量考生报名参加英国剑桥大学考试委员会组织的剑桥商务英语证书（BEC）考试以及美国教育考试服务中心主持的国际交流英语考试（TOEIC），以验证自身的商务英语水平和能力。

(二)关于教育理念的辩论:"本色"与"特色","正统"与"异化"

彭青龙教授在 2005 年的论述中提到,随着中国高等教育步入大众化阶段,英语专业人才培养模式面临着前所未有的挑战。招生规模的扩大、就业压力的增加引发了对传统外语语言文学专业培养模式的反思。于是,在英语教育界内出现了围绕"保持本色"与"追求特色","坚持正统"与"倡导异化"的争论。部分经院派学者主张回归英语专业的"语言文学本色",但也有年轻学者强调应将语言作为一种交流工具,与特定专业或学科相结合,以缓解高校与学生、学校与用人单位以及教师与学生之间的矛盾。基于此,一些高校开始开设商务英语专业课程。

(三)我国商务英语教学的发展历程概述

自 20 世纪 70 年代末中国实施改革开放政策并发展社会主义市场经济以来,英语专业学生不仅需要掌握英语语言知识,还需要学习相关商务知识,为此各大高校增设了国际营销、企业管理、国际贸易、国际经济合作等商科课程,旨在使学生在学习语言的同时掌握商务知识,实现两者的有机融合。目前,一些实力强大的经贸类和外语类高校不仅提供了商务英语本科及专科层次的专业教育,还接纳了以商务英语为研究主题的硕士研究生,并且中国国际贸易学会成立了专门针对国际商务英语的专业委员会。

回溯历史,中国的商务英语教学从"外贸英语"课程,逐渐发展成正式的商务英语学科。然而,在商务英语学科发展确立的过程中,众多大学的英语专业已逐渐向商务英语领域发展,教师们在此方向取得了诸多研究成果,学生们热切报考商务英语专业,全国性的商务英语研讨会规模持续扩大,但商务英语仍未得到学科身份的确立。

当前,国内对于商务英语教育的理念尚未达成一致,各高校在商务英语专业的教学实践中仍存在不同程度的认识差异。专家们普遍指出,现行商务英语课程体系在教材选用、教学环节设计以及教学方法上很大程度沿用了普通高校英语的教学模式,缺乏具有鲜明职业特性的课程体系。此外，学术界对于商务英语专业的学科定位尚存争议：商务英语专业究竟是应当致力于培养兼具扎实英语能力和全面商务知识的复合型人才，还是侧重于培育商务知识深厚同时具有良好英语运用能力的人才？在师资方面更倾向于选择拥有出色英语功底的商科教师，还是有着商科背景的英语教师呢？在教学过程中，是以英语语言教授商务内容为主导，还是借助商务内容来教授英语应用技巧呢？鉴于这些方面的争议，迄今为止，我国尚未制定出一套统一规范的商务英语教学大纲和课程标准。

（四）商务英语在国际贸易中的核心地位及影响

在全球贸易的洪流中，尤其是在商品进出口流程的关键环节——交易谈判与合同签订过程中，商务英语扮演着不可或缺的角色。当起草一份书面合同时，准确、规范且严谨的商业英语表达方式显得至关重要，它要求遵循国际通用的条款结构和行业习惯用语，确保语言表述清晰无误，避免歧义和疏漏，这对于保障交易双方的利益、提高经济效益乃至确保整个交易活动的成功具有决定性作用。

商务信函作为商务活动的重要组成部分，通过传统的邮寄方式或现代电讯手段，如电话、电报、传真以及互联网等多种渠道进行信息传递，并常被视为商务行为的有效法律依据。商务信函的目的多样，包括但不限于销售产品、商定价格、获取必要信息、解决争议及维护长期合作关系等。

随着全球化进程加速，国外广告大量涌入，如何恰当地运用和解读英语广告语言以实现营销目标，成为国内外贸企业、广告从业者以及广大消费者共同面临的现实挑战。广告英语作为一种特殊用途的英语变体，已从普通英语中脱颖而出，形成了一种非标准化的专业语言体系，其词汇选择和句式构造相较于普通英语呈现出独特的特点，并随着广告业的发展、时代变迁、科技进步和社会变革而不断更新演变。

（五）掌握商务英语的重要性及实质意义

伴随着外资企业的持续增多，越来越多的中国员工进入外企工作。尽管他们在不同的职业领域和工作环境中发挥着各自的作用，但都面临着一个共同问题,即如何有效地参与涉外经济贸易活动并在以外语为工作语言的企业中立足发展。其中,语言障碍成为首要难题,除了日常生活和学术交流所需的英语外,商务英语成为现代外资企业内部最为核心的沟通工具。

此外,语言本身是一种特殊的人力资本投资,它是人们在获取其他各种职业技能之前必须投入的基础资源,可以说,学习语言是获取更多资本的前提条件。学习商务英语本质上是一种对个人经济潜力的投资行为,通过对商务英语的学习和掌握,个体将获得更广阔的职业发展空间和竞争优势。

(六) 商务英语教育的机遇与挑战并存

在全球化大浪潮中,随着教育服务业的开放,商务英语教学也迎来了全球化的洗礼。换言之,在中国加入世界贸易组织后,商务英语教育同样面临着巨大机遇与严峻挑战。全球经济一体化趋势日益明显,国际商务活动频繁度不断提升,商务英语的应用范围和作用愈发突出,社会对具备较强商务英语能力的高素质人才需求迫切。

1. 商务英语教学的全球化发展机遇

在全球范围内,尤其是在发达国家中,商务英语教育已被视为专门用途英语教育的重要组成部分,并受到高度重视。以英国为例,众多顶级学府,如牛津大学、剑桥大学等不仅纷纷开设了丰富多样的商务英语课程体系,还推出了具有全球影响力的商务英语资格认证考试;与此同时,伦敦工商会也设立了专门针对商务英语证书培训及考核的相关项目。而在大洋彼岸的美国,教育考试服务中心推出了一项以商务英语为核心的国际交流英语考试,同时,哈佛大学、斯坦福大学和加州大学伯克利分校等一流名校也都设有专门的商务英语课程。英、美两国的主要媒体机构持续制作并播出商务英语学习节目,且各大都市中都涌现出了大量的专业商务英语培训机构。

2. 商务英语教学所面临的深层次问题与挑战

相较于传统英语专业主要关注语言技能的基础训练,商务英语作为一门综合型学科，更加注重将语言技能与专业商务知识相结合，并强调实际操作能力和情境化应用能力的培养。然而，在我国现行的商务英语教学实践中，尽管许多口语课程由外籍教师授课，但课程内容往往过于侧重于日常交流场景，与真实的商务环境关联度不高，未能充分展现商务英语的专业特性，导致学生在专业知识的实际运用方面存在一定的欠缺。如果不能有效构建基于真实商务情境的语言学习环境，商务英语专业的毕业生可能难以达到预期的就业能力和职业素养要求，从而影响教学质量的整体提升以及专业特色和职业针对性的体现。

3. 商务英语教学改革的紧迫性

（1）更新教学内容。商务英语教学改革应紧跟时代步伐，更新教学内容，将现代管理、经济、金融、法律等领域的最新知识融入教学中，特别是在中国加入WTO后，需要让学生及时了解和掌握我国对外贸易政策和金融改革动态。

（2）提升教学质量，强化网络技术应用。借助互联网平台，利用虚拟现实技术模拟真实商务场景，使学生通过在线学习、练习、答疑和讨论等方式巩固课堂所学，并不受时空限制地接触外语语言和文化。

（3）优化教材资源，积极引进海外优质原版商务英语教材。在国内市场上，虽然商务英语教材的种类繁多，但其质量水平却呈现出明显的参差不齐状态。部分教材存在覆盖领域不够全面、内容更新滞后、形式设计老旧以及所使用的语言材料未能及时反映当代商务实践的最新发展动态等问题。因此，为了弥补国内教材的不足、提升教学质量，我国高等教育与职业教育体系中，引入国外一流出版社编纂的优秀原版商务英语教材显得尤为迫切重要。通过采用全英文或双语教学模式，不仅能够帮助学生增强英语语言运用能力，还能够确保他们接触到最前沿、最权威的商务知识与理念，从而实现从语言技能到专业知识的双重提升。这样的教学方式有助于培养出既具备扎实英语基础，又拥有全球化视野和现代商务素养的复合型人才。

（4）培养跨文化意识。鉴于国际商务处于多元文化的环境中，有必要帮助学生开阔视野，拓宽知识面，增强对世界的理解力，提高他们对不同国家和地区的历史文化、宗教信仰、风俗习惯、美食文化等方面的敏感度，有意识地在教学内容中涵盖这些内容。

总结上文所述，商务英语在全球经济体系、跨文化交流以及教育体系等多个维度中正逐步展现出其无可替代的重要性。随着全球经济一体化进程的加速推进和国际贸易往来日益频繁，商务英语已经成为连接不同国家和地区之间商业活动与合作的重要桥梁。它不仅在跨国公司、国际贸易机构等专业领域中不可或缺，还在文化交融、学术研究及教育培训等方面发挥着举足轻重的作用。面对这一发展趋势，商务英语的教学工作必须与时俱进，积极回应时代变革的需求，深入挖掘并充分运用商务英语教学的独特优势。唯有这样，我们才能确保培养出符合21世纪全球化市场需求的高素质人才，他们应具备创新思维能力、国际化视野以及深厚的语言应用和商务知识复合型素养。这些人才将在WTO的广阔舞台上大展身手，在瞬息万变的全球市场环境中乘风破浪，勇敢地迎接挑战，不断追求卓越，从而为推动全球经济的发展和我国对外交流事业的进步作出积极贡献。

二、商务英语专门用途英语视角的分析

张佐成在《商务英语的理论与实践研究》一书中从专门用途英语视角、英语的社会功能变体视角和学科专业视角归纳了国内外专家学者对商务英语的认识，笔者从专门用途英语的角度对商务英语进行进一步的分析和探讨。同时笔者认为商务英语应该是多元化的教学，是几种视角的综合，是理论与实践完全结合的教学，而且实践性很强。

商务英语作为专门用途英语（ESP）的一个分支领域，在ESP理论框架中被明确提出，它专指服务于特定职业——国际商务活动的语言应用。专门用途英语这一概念起源于20世纪60年代，是世界经济全球化时代语言学、教育学理论与实践结合的产物，其具有两个显著特点：一是目标明确性，即学习者因特定职业需求而专注于获取在某一学科或行业领域内使用英语的能力；二是内容的专业化，它区别于普通英语，强调在特定专业

或职业路径上对英语知识和技能进行专业化训练，其在文体结构、语法及词汇等方面均有独特性，并紧密联系各行业专业知识。

（一）商务英语定义的澄清

商务英语学科地位的界定一直存有模糊地带。为了确立商务英语的学术定位，首要任务是对其实质进行清晰且合理的解释。从语言学家韩礼德（Halliday）与其合作者创作的《语言科学与语言教学》一书中可看出，商务英语属于专门用途英语范畴。商务英语特指在国际商务活动中使用的以英语为媒介，融合商务知识的专业英语类型，旨在培养学员在商务环境下有效沟通的能力。如今的教学目标不仅要求提高语言基本功和运用能力，还强调传授商务知识，以增强学生在英语文化背景下实际应用商务知识的能力。

（二）学习商务英语的目标探究

当前，全球范围内约80%的英文文本交流是以专门用途英语为基础的。在全球化经济的大浪潮下，人们学习英语的目的不再局限于应对考试或日常交际，而更多是为了能够用英语高效地处理商务事务、获取行业信息、推广产品等。基于这样的现实需求，国内众多高校设立了商务英语专业或增加了商务英语课程，目的在于培育兼具卓越语言技能和扎实商务知识背景的复合型、应用型人才。

（三）商务英语作为专门用途英语的特点及教学理论沿革

1. ESP 的核心特性

1964年，韩礼德提出了一项具有里程碑意义的概念——专门用途英语（ESP），这一概念强调为特定职业群体设计并实施定制化的英语教学项目。ESP课程因其高度针对性和目标性而备受关注，它不仅注重提升学习者的英语语言技能，还紧密结合各领域的专业知识，旨在使学员掌握与各自专业相关的独特词汇库、句式结构以及表达习惯。

ESP教育体系的显著特征在于其内容的专业性和针对性。它不再局限于普通英语的教学，而是深入各个行业的核心，确保学生在熟练运用英语的同时，能够准确、高效地进行专业交流。

2. 专门用途英语教学理论发展的五个关键阶段

阶段一：行为主义与结构主义理论主导阶段。这一时期的 ESP 教育深受当时主流心理学和语言学理论的影响，尤其是在行为主义和结构主义的指导下，ESP 教学实践呈现出特定的教学模式和方法论。在这一阶段，ESP 教师大量运用语域分析法来明确不同专业或职业领域的语言特点，并采用句型操练作为主要的教学手段。

阶段二：受到语言能力理论影响阶段。英国学者亨利（Henry）等人依据乔姆斯基的语言能力理论提出文本和修辞分析方法。乔姆斯基于 20 世纪 50 年代末创立转换生成语法理论，批判了当时流行的行为主义观点。

阶段三：功能语言学与社会语言学理论深度融合阶段。ESP 教学在此阶段深受这两种理论的深刻影响，转而以情境分析方法为核心，依托功能语法和社会语言学的理论框架进行构建。社会语言学家强调了语言在社会交际中所扮演的角色和其多元化功能，认为语言学习者必须理解和掌握如何在特定的社会语境下恰当地运用语言。

阶段四：认知主义理念渗透指导阶段。在这个阶段，语言教育界开始广泛采纳认知主义视角，并将其应用于教学实践之中。语言学家们不再单纯关注语言结构的表层描述，而是转向深入探究语言使用者内在的认知过程，包括信息加工、策略运用以及思维模式等。

阶段五：需求导向型教学理念兴起阶段。此阶段标志着需求分析理论对 ESP 教学产生了深远的影响。在商务英语等专门用途英语的教学实践中，无论是教学方法还是教材设计的选择，都紧密围绕着对学习者需求进行系统且详尽的分析结果展开。

（四）商务英语作为专门用途英语的合理性与理论支撑

1. 商务英语的教学发展历程与社会需求背景

商务英语教学是在普通英语教学发展进程中的特殊化产物，尽管其主要服务于特定商务场景，但依然保持了普通英语的许多基本特征，并在这一基础上逐步形成。随着社会发展及全球化进程加速,特别是我国加入WTO后经济全球化趋势日益显著,高等教育模式面临知识经济时代对人才多元化培养的挑战。社会对于能够熟练运用英语进行商务活动的专业人才的需求不断增长,要求商务英语教育不仅要遵循语言学习规律,更要贴合经济社会发展的实际需要。

2. 深入解析商务英语的理论基础

基于索绪尔的语言学观点,语言与言语具有本质区别。语言作为一种由社会群体共同约定形成的规则系统,为人们的言语交际活动提供了基本框架;而言语则是个人运用语言能力进行的具体表达行为,体现出个体差异和个性特征。索绪尔强调,在研究语言时应关注其交际功能和实用性,即语言的不同功能可以看作是在不同社会情境下言语行为所发挥的不同作用,包括但不限于信息交流、事实描述以及情感传达等。

3. 商务英语教学实践的依据及现实需求

中国加入WTO标志着我国经济进一步融入全球经济体系,并在全球范围内的交流竞争中扮演着更为重要的角色。国际商务活动的领域日益拓宽,涵盖了国际贸易、投资引进、金融操作、商务会议、展览展示等多种形式,伴随着这些经济活动的是多元文化的交融互动,不仅增进了各国人民间的相互理解,而且促进了各个领域的深度合作。

面对全球化背景下跨文化交流与合作的迫切需求,公众对于学习专门用途语言的热情持续升温。1994年,国家教育委员会在制定高等教育面向21世纪教学内容和课程体系改革计划时,明确提出新时代外语专业人才培养的新标准:要求具备扎实的语言技能基础、广阔的知识视野、一定的相关专业知识储备以及较强的能力素质,旨在培养能够胜任"外语+专业知识""外语专业特色化""外语+专业方向"或"专业+外语"模式的复合型人才,以适应日益紧密的国际交流合作需要。这一系列改革举措有力地为商务英语作为专门用途英语的教学实践提供了坚实的政策依据和明确的市场需求导向。

(五) 商务英语作为专门用途英语的教学模式

根据系统功能语法对语言结构的剖析，我们可以立足于系统功能语言学和社会语言学视角构建专门用于商务英语的教学框架。

1. 系统功能语法的语言认知

系统功能语法强调语言以语篇形式存在于特定语境中，是与交际环境紧密相连的语言使用单元。语境被划分为普遍的文化语境和具体的场景语境两部分。文化语境源自社会结构，构成了语言系统的宏观环境，可以理解为某一特定文化所能承载的所有意义的整体；而场景语境则是直接影响语篇生成的具体情境抽象化表现。在教学过程中，关注语境中的语篇和语言运用至关重要。

2. 语境引导下的语篇与语言学习路径

针对专门用途英语教育模式的探索，我们聚焦于两条相互交织的教学主线——语境中的语篇构建以及语言的实际应用。这两条线索相辅相成，前者着眼更为宏观的社会文化语境层面，后者则更专注于英语实际应用中多样资源的具体发掘。

3. 商务英语作为专门用途英语的教学理念及实践策略

(1) "以人为本"的教育原则的确立。"以人为本"教育的核心在于尊重学生的主体地位，激发他们的主动性和创新性，培养学生的独立人格和自主学习能力。教师需承认学生的主体地位，引导学生个性发展，鼓励他们自我认识、训练、教育和提升。在此基础上，商务英语教学应始终围绕增强学生的技术应用能力和可持续发展潜力进一步探索发展道路。

(2) "能力本位"人才培养观的确立。在我国高等教育体系中，"能力本位"教育理念倡导以提高学生技术应用和岗位适应能力为核心目标，致力于培养具备扎实理论知识、卓越技术应用能力、良好沟通协调能力和宽广知识视野的高素质人才。

(3) "零适应期上岗"质量标准的确立。"零适应期上岗"意味着毕业生能够迅速融入工作岗位，实现零适应期就业。这是现代企业对新型人才的新要求，也是衡量现代高等教育成效的重要指标。商务英语教育尤其注重对接职场环境，旨在培养既能深入思考又能高效执行，拥有较高知识层次、强大创新能力以及娴熟心智技能的技术应用型人才。

（六）基于专门用途英语理论的商务英语教学法的核心原则

当前阶段，商务英语的教学策略往往局限于对传统英语教学模式的直接沿用或简易复制。具体来说，在课堂上，教师多以单向讲授为主导，学生则主要作为被动接收信息的一方；课程内容也主要集中于语言知识点的传授，大量时间用于词汇记忆、短语学习、句型操练以及课文的翻译活动。然而，这样的教学方法未能充分考虑真实的商务实践环境，并未紧密联系学生的个性化需求和职业发展要求，从而导致在培养学生的创新思维能力、有效沟通技巧及团队协作精神等方面效果欠佳。

（七）对专门用途英语局限性的探讨

1. 理论研究

在理论研究层面上，商务英语作为一门特色鲜明的学科分支，展现出了独特的教学模式与方法。专门用途英语所倡导的需求分析理论，为商务英语的教学实践提供了宝贵的理论框架和操作性原则，无疑对整个英语教育领域具有显著的价值贡献。然而，尽管将商务英语视为专门用途英语的一个典型代表有助于解决其教学策略和方法论层面的问题，但这种归类并不能完全揭示出英语在商务活动与工作场景中复杂而实际的应用状况，因此，有必要进一步探索和研究商务英语的实际应用场景，并结合这些真实情境来设计和完善商务英语的教学内容与策略，以确保学生能够在商务活动中灵活且准确地使用英语进行交流和解决问题。

2. 理论不足

专门用途英语理论在描述商务目标情境下英语的使用情况方面存在不足。它未对语言使用本身进行系统的研究，而是将重点放在了分析需求的手段上。因此，该理论既没有对语言进行系统的描述，也没有对专业知识做出全面的阐述。这意味着在商务英语教学中，我们需要结合实际情况，对专门用途英语理论进行补充和完善，以更好地满足学生的学习需求和商务实践的要求。

三、商务英语语言与普通英语语言

商务英语作为一种特定用途的英语变体，植根于普通英语的基础语法结构、句型和词汇体系，同时展现了独特的语言现象与专业内容特征，构成了英语大家族中服务于国际商务活动的专业分支。它不仅保有普通英语的语言学属性，还深度融合了商务领域的专业知识，从而形成了自身的独特性。

在功能性语言学的框架内，商务英语被视为英语的社会功能变体之一，专指在商务环境中应用的英语表达形式。商务英语承载的信息主要聚焦于商务理论知识、实际操作实务等核心领域，与各类商务专业活动紧密相连。这一应用领域广泛涵盖了众多与国际经济活动密切相关的专业领域，具体包括但不限于引进先进技术、开展国际贸易往来、吸引外来投资、组织海外劳务合作项目、实施合同管理操作、签订跨国商业合同、运作国际金融业务、处理涉外保险事务、提供高品质的国际旅游服务、进行海外直接投资活动以及统筹国际物流运输等多个层面。

（一）探讨普通英语（EGP）与专门用途英语（ESP）在教育体系中的角色

2007年，毕晶在其学术论文《从ESP理论研究我校商务英语学科建设》中强调了我国当前英语教学格局的一个重要特点：普通英语（English for General Purposes，EGP）和专门用途英语（English for Specific Purposes，ESP）已并驾齐驱，共同构成了英语教育及学术探究的核心脉络。

普通英语（EGP）作为学校教育系统内的基础性英语教育内容，其主要目标是培养学生掌握英语语言的基本构造元素，诸如词汇知识、语法规则等，旨在使学生具备基本的语言交际能力，能够阅读理解文学作品，并在各类常规性的语言能力测试中取得良好表现。然而，在面对专业性更强、行业特征更为鲜明的实际工作场景时，如专业技术文献翻译、特定行业事务处理等任务，仅依赖于 EGP 所习得的基础技能可能无法有效应对，因为这些任务往往需要深入的专业知识背景支持。在此背景下，专门用途英语（ESP）的重要性便日益凸显出来。ESP 专注于为不同专业或职业领域的学习者提供定制化的英语教育，旨在帮助他们熟练掌握所在行业或领域内所需的专门术语、表达方式和沟通技巧，从而更好地胜任专业交流与实践工作的需求。

值得注意的是，EGP 与 ESP 的核心区别在于学习者对于英语学习目的的需求不同。基于"ESP 专指针对特定目标而设计的语言教学"这一观点可知，ESP 教学的关注焦点在于为何学习者要学习这门语言。

商务英语作为 ESP 的一个分支，其目的是使学习者适应职场环境对语言技能的要求，内容涵盖了商务活动的所有相关领域。商务英语课程并非单纯提升学员的英语水平，而是更注重传授西方的企业管理模式、工作心理认知，以及如何与外国人有效沟通、合作的方式方法，乃至他们的生活习惯等内容。从某种程度上讲，商务英语的学习是包含在更广阔的文化概念之中的。

（二）商务英语的语言特点

商务英语作为一种专门用途的语言变体，虽与普通英语在基础词汇、句型构造和语法结构上存在共通性，但在专业用词、语言特色等方面却独具特性。因此，全面理解和掌握商务英语所特有的语言风格是深入解读其语义表达的关键所在。

1. 商务英语的词汇特征

（1）词汇含义的专业化。商务英语中，许多普通英语词汇在特定商务语境下被赋予了特殊的专业内涵，部分词汇与其日常意义保持着一定的关联性，但也有相当一部分词汇在商务环境中的含义与日常意义并无直接联系。

（2）广泛运用缩略形式。商务领域内通行着大量约定俗成的专业术语缩写，如"Reps"表示销售代表、"Ads"代指广告、"B/L"为提单（bill of lading）的缩写、"L/C"为信用证（letter of credit）、"B2B"则是企业间电子商务（business to business）的简称。

（3）商务领域中新词汇的持续涌现与接纳。随着全球经济活动和科技发展步伐的加快，商务文献和出版物中不断有新的词汇产生并迅速被业界专业人士所接纳。

（4）商务英语词汇运用中的精确性和专业深度。商务英语在词汇层面展现出的核心特征是对于专业词汇的精准严谨使用，它紧密围绕商务理论框架和实际操作情境，承载着深厚的行业专业知识信息。

2.商务英语的语言特点

（1）商务英语以目标导向和客观性为显著特征。在多元化的商务沟通情境中，不论是面对面的会议交谈、远程电话交流，还是小组讨论环节，有效沟通的核心焦点在于明确的目的导向性。当商务英语使用者借助这一工具进行跨文化互动时，他们实质上扮演着一种倡导者和说服者的角色，旨在通过清晰且具有说服力的表达方式，引导合作伙伴接纳自己的观点和建议，以期顺利推动业务进程并确保预期成果得以实现。

（2）商务英语追求平实精确、逻辑清晰的表达风格。在运用商务英语传达思想时，更偏好简洁明了、逻辑关系分明的交流方式，用具体的表述精准地将信息传递给对方。商务场合中的英语要求内容准确无误，避免夸大其词，必须保证数据的严谨精确以及术语的规范应用；在减少误解的同时力求高效，因此强调思维条理清晰、逻辑关联紧密，并常运用逻辑连接词语，如"as a result""for this reason"等保持语言的精练，尤其是在传真或电话通信中，熟悉的概念可通过行业术语快速传达，从而提高效率。

（3）专业深度高，涵盖大量商务专用词汇。商务英语作为一种独特的语言表现形式，其特点在于紧密关联特定行业特征和高度专业化的表达方式，并广泛使用特定的商务词汇及术语体系。

（4）得体礼貌的商务英语交际建立在跨文化理解之上。口头交际是一个由说话者和倾听者共同参与的双边互动过程。这种语言交流活动发生在特定的时间、地点背景之下，并围绕特定目的进行。只有当参与者对于谈话背景有共识和深入理解时，交际的目的才能有效实现。

（5）商务英语在表达上尤为注重语言的精确严谨和文体的规范正式。作为一种服务于商业实践的功能性文本，商务英语的内容构建与受众定位均具有显著的目标导向性，因此，在措辞选择上它强调的是精准、得体与审慎，有别于文学作品中追求情感表达丰富、语言艺术化的特点。

（6）专业词汇兼具"专一性"与"多义性"。商务英语与普通英语的一个区别在于专业词汇的含义相对固定，如"D/P"（付款交单），不论何种上下文，都特指出口商指示银行在进口方付清款项后才交付货运单据。然而，商务英语中也存在一些准专业词汇，它们在不同的场景和语境下可能有不同的含义。

综上所述，商务英语可被理解为一种综合了多元要素的独特语言形式，它巧妙地融合了商务领域的基本原理、有效的交际策略、严谨的礼仪规范以及深厚的文化背景知识。这一特性赋予了商务英语与众不同的特质和表现形式，使其在众多语言类型中脱颖而出。详尽分析商务英语所独有的特点，不仅有助于我们更深入地理解和把握其内在本质属性，更能让我们认识到商务英语在实际沟通交流中的独特功能价值及重要作用。通过深入研究商务英语的特点，我们可以更好地指导并优化商务英语的学习过程，从而提升学习者在真实商务情境中的应用能力与沟通效率，同时也有利于培养具有全球视野和跨文化交际能力的专业人才，进一步推动商务英语在国际商务活动及教育领域中的有效运用和发展。

3. 商务英语的句法特点

商务英语文体作为一种特别针对商业活动设计的语言形式，其显著特征在于其言辞的精练严谨和信息传递的有效性。在处理各类商务场景时，相较于其他文体类型，商务英语尤为重视信息的准确性、时效性和逻辑严密性，这些特性主要通过商务信函的写作得到了全面展现。

（1）在构造商务英语语句的过程中，明确强调清晰易懂和高效简洁的原则。实际的商务沟通实践中，形成了一整套经过长期实践验证且被广泛接受的标准表达方式。在翻译过程中，尤其需要注意确保英文译文准确无误地传达出原文所包含的信息内容，达到语言意义上的一致性和对等性。

此外，商务信函的结尾部分同样需要遵循一套约定俗成且标准化的书写规则。这类规范化和习惯性的结束语不仅凸显了商务英语的专业特质，还能够在正式的商务交流情境中确保双方能够迅速、准确地理解对方意图，有效提升沟通效率，降低误解风险。例如，"We are keenly anticipating your prompt response."这样的常用结尾表达，既体现了商务英语的规范性和专业性，又确保了收信者能迅速领悟发信人的期望并及时做出反应，从而促进商务活动的顺利开展与合作进程的高效推进。

（2）商务英语广泛运用被动语态和定语后置结构。鉴于商务英语侧重于客观地描述过程和推理分析，减少第一人称和第二人称的主观色彩，故常采用第三人称及被动语态。如此一来，句子焦点不仅在于动作执行者，更强调动作本身及其执行方式，使动作主体相对"次要"。同时，定语后置也是商务英语的一个重要特点。

（3）在商务英语的语篇构造中，长句、复合句以及并列复合句的应用极其常见且不可或缺。

（三）商务英语词汇与普通英语词汇

1. 商务英语词汇与普通英语词汇的关联性

张佐成在其著作《商务英语的理论与实践研究》中指出，商务英语词汇大部分源自普通英语词汇，并在商务语境下被赋予了新的含义，从而成为商务英语的专业术语。

皮克特（Pickett）进一步深入分析了商务英语词汇与普通英语词汇之间的六种不同层次的关联性。

（1）第一类关联表现为商务词汇直接借用普通英语中的词汇，这些词汇不仅在日常生活中被广大公众普遍理解和使用，而且在商务语境下也具有明确的含义。例如，"management"（管理）、"personnel"（人员）、"loan"（贷款）和"trade"（贸易）等词，在普通英语中具有广泛的基础意义，同时它们在商务领域内同样承担着不可或缺的角色。

（2）第二类关联体现在商务词汇通过对普通词汇进行复合或通过联想衍生而来的形式上。这类商务词汇虽然源自普通词汇，但在商务环境中其意义经过一定的扩展、深化或特定化，形成了专属于商务领域的特殊用法。

（3）存在一部分商务词汇虽由普通词汇构成，但其含义对于普通大众而言可能需要猜测，理解上具有一定难度，如"guarantee"（保证）、"production manager"（生产经理）及"proceeding"（过程）等。

（4）某些商务词汇同样源于普通词汇，但对于非专业人士来说，要准确猜出其含义较为困难，如"container"（集装箱）、"letter of credit"（信用证）和"terms of trade"（贸易条件）等。

（5）有一类商务词汇尽管基于普通词汇构建，但在没有专业知识背景的情况下难以理解，如"free on board"（离岸价）、"payable by draft"（凭汇票支付）和"General Agreement on Tariffs & Trade"（关税与贸易总协定）等。

（6）还有一种商务词汇是由普通词汇通过特定联想方式复合而成，词义间的联系并不直观，而是约定俗成的，如"contract"（合同）、"GATT"（关税与贸易总协定的缩写）等。

2. 普通词汇转化为商务词汇的规律和机制分析

在探讨普通词汇如何转变为商务词汇的过程中，我们可以发现，词汇的基本意义会向专业引申意义转变。

从上述两个中心节点出发，商务英语进一步构建了一条条以这些核心概念为轴心的专业化词汇链，每一条链上的词汇均紧密围绕着其对应的中心词如"交易所"或"兑换、汇兑"展开，并逐步深入更细致的专业情境中。例如，"兑换手续费"这一概念就围绕"兑换、汇兑"这一主题，形成了一个具有内在逻辑且自成体系的次级意义领域，而这个次级领域与其他由"交换"核心义拓展出来的横向专业引申义之间不存在直接的关联性。

商务英语作为一种英语在国际商务场景下的特殊应用形态，在全球商业活动中占据着至关重要的地位。特别是在词汇层面，商务英语既展现了其独特的语言特点，又保持了与普通英语词汇的密切联系。深入研究商务英语词汇的特点及其演变规律，旨在指导人们正确、得体且精确地运用商务英语词汇，从而确保在全球商务交流中实现信息的有效传递。

四、商务英语的多元化视角分析

商务英语教学及其学科定位的问题引发了诸多讨论和分歧。争论焦点在于，商务英语教育究竟是培养兼具商务知识的英语人才还是深谙英语的商务专家？高校在师资配备上应倾向于选择具有商科背景的英语教师还是拥有扎实英语基础的商科教师？在教学实践中，是以英语为工具教授商务知识，还是以商务内容为核心深化英语教学？

学术界的共识在于，商务英语研究实际上嵌入于应用语言学的广阔天地之中，它以其深厚的语言学与应用语言学理论根基为依托，展现出显著的跨学科交融特性。作为英语这一普遍语种在特定社会功能领域——尤其是专业及特殊用途方面的衍生物，商务英语的研究范围超越了传统语言文学的界限，广泛渗透至经济学、国际贸易实务、财务会计学、企业管理学、法学以及多元文化等人文社科众多分支领域。

在教育实践层面，商务英语教学的核心目标是精心培养具有全球化视野和高度国际商务沟通能力的专业人才。这种专业人才的塑造，并非仅仅聚焦于语言技能本身，而是强调将商务英语能力与其他由文科教育所赋予的人文素养、批判性思维、跨文化交流理解等多维度能力紧密融合，从而造就出能够在复杂多变的国际商务环境中游刃有余、综合运用多种知识技能解决问题的精英型英语专业人才。

关于商务英语人才类型的培养方向，本文认为，商务英语学科应当致力于培养既精通商务又擅长英语的双重型人才，两者并不矛盾，而是互补性的复合型人才培养，只是侧重点不同。而在实际企业运营及跨文化交流中，这两种类型的人才都能满足社会需求。

对于商务英语专业教师所需的知识结构问题，本文主张高等学府不仅仅需要掌握商科背景的英语教师，也需要具备深厚英语底蕴的商科教师，两者同样不可或缺。商务英语专业的教师不仅要具备优秀的语言功底，还需具备商科教学的相关理论与知识体系。无论是有商科背景的英语教师，还是英语功底深厚的商科教师，都是商务英语专业所必需的。

关于商务英语教学内容的传递方式，在"用英语教授商务"与"以商务内容教授英语"的问题上，本文观点是：教师应将语言作为一种工具和媒介，通过它来教授商务知识，突出专业知识性，并在学习商务知识的过程中提升学习者的语言运用能力和水平。采用英语教商务或是以商务内容为主导教英语，本质上只是教学侧重点的区别，但最终目的是培养既能理解商务又能熟练运用英语表达的复合型人才，这符合商务英语对人才培养的要求，并能满足社会的实际需求。因此，商务英语教学内容的传授实际上应实现语言与商务内容的深度融合，而非偏重某一方面，语言与商务同等重要。

（一）多元化的内涵

"多元化"是指从一个发展过程的不同维度去观察、去思考，它具有非线性、主动性、灵活性的特征。

（二）商务英语专业教学的多元化

商务英语专业教学的多元化具有多重意义。商务英语具有知识体系内容的多元化、认识视角的多元化、教学内容的多元化、教学方法的多元化、评价体系的多元化、教学模式（人才培养方案）的多元化。

1. 商务英语知识体系内容的多元化

商务英语知识体系内容多元化。商务英语的课程体系构建无论是本科院校还是高职院校都应该是以下模式："英语语言教学 + 专业知识教学（商科知识教学）+ 商务技能操作教学（商务实践教学）+ 人文素质教育教学"。首先，它具备普通教育学的特点；其次，它还具备语言学的特点；同时，商务英语还具备商科理论和知识的特点以及人文理论和知识的特点。具体分析如下。

(1) 商务英语的普通教育学特点。商务英语是有关商务语言教育一般问题的知识体系，即"语言知识+商务知识+技能操作+人文知识"这样一个体系，是国际贸易专业学生、国际商务专业学生和商务英语专业学生专业知识学习的基础，是这几个专业学生的必修课程之一，它的目的在于帮助学生养成基本的商务理念、商务操作技能和商务环境下的语言使用技能，具有将学术性与实践性有机结合起来，体现基础性、实用性、通俗性与创新性的特点。

(2) 商务英语的语言学特点。首先，商务英语教学是通过语言进行的教学。语言是基础，商务英语教学是语言的具体应用教学，是应用语言学的表现，因此，它具有语言学的特征。通过语言来学习专业知识，在学习专业知识的同时来巩固提升语言。

(3) 商科理论知识的特点。商务英语专业课程主要包括西方经济学、商务道德、商务环境、商务策略、商务沟通、商务礼仪、人力资源、企业管理、市场营销、国际贸易、国际商法、国际金融、物流等，这些课程本身就是用语言来表述商科知识，同时还都要应用商科的理论原理，如协同论和耗散论等。很明显，商务英语具有商科理论知识的特点。

(4) 人文理论知识的特点。针对商务英语专业教育，除了对学生的语言技能和商务知识能力提出要求之外，人文素质教育的核心目标还在于启迪并强化学生的人文关怀意识，遵循以人为本的教学方法，拓宽其人文社科知识面，提升人文综合素养，并在跨文化沟通的过程中，使他们能够内化人文精神，展现积极正面的价值观和人格特质，具体表现为文明、科学、爱国及求真务实的健康品质以及奋发向上的精神状态。

综上所述，我们知道商务英语知识体系内容具有多元化的特点。

2. 商务英语认识视角的多元化

根据语言的用途视角来看，商务英语属于专门用途英语的一种；根据英语的变体视角来看，商务英语是一种社会功能变体；从学科角度来看，商务英语是英语语言学科和商务学科交叉形成的学科。从以上几个角度来看，商务英语在认识视角上具有多元化的特点。

3. 商务英语教学内容的多元化

商务英语教学内容的多元化，体现在无论是本科还是高职，最终目的都是提升学生的就业竞争能力。为了提升学生的这种能力，商务英语专业核心能力培养可包括五个部分，即语言应用能力、商务写作能力、跨文化沟通能力、电子商务操作能力、外贸业务拓展能力。因此在课程设置上都是大同小异。商务英语教学内容的构成包括语言教学、商科知识教学（理论教学）、商务实践教学（商务技能操作教学）和人文知识教学。

4. 商务英语教学方法的多元化

商务英语教学方法不再是从前单一的大学英语教学方法的应用，而是多样性教学方法的使用。由于商务英语专业学科的特点，常用的教学方法综合运用了情境教学法、案例分析教学法、模块教学法、任务教学法、互动教学法和合作教学法等多种手段，体现了商务英语教学方法的多元化。

5. 商务英语评价体系的多元化

商务英语专业的课程内容丰富多元，尤其是在实践教学环节的要求下，对学生的评价体系也应当体现出多元化特征。除了传统的笔试考核之外，还应涵盖对学生实际操作技能的评估。所谓的多元化学生学习评价体系，是指在高等教育阶段针对不同教育目标、课程特性和教学标准，以及对学生个性化发展需求的充分考虑下，所构建的一种全面且多元化的学习成果评估方式。这一系统化评价方法不仅关注学生的知识掌握程度，还涵盖了能力素质的发展进程、综合素质的提升等多个层次和方面。具体来说，在实施过程中，该体系涉及对评价内容选择范围的拓展、评价过程的设计优化、评价手段与方法的创新应用，以及管理机制的完善等诸多丰富多样的元素。

构建符合商务英语专业特点的多元化学习评价体系，是顺应学科特性和遵循人才培养内在规律的必然路径，旨在满足不同类型、不同兴趣特长的学生对于因材施教的需求，同时也能积极响应高等教育在多样化类型、多种规格及多层次发展方向上的要求。因此，建立这样一种全面而灵活的评价机制对于培养具有创新意识、实践能力和跨界素养的商务英语专业人才至关重要,能够科学合理地重构课程考核制度,并从整体上有力推动教学质量的跃升。

6.商务英语教学模式(人才培养方案)的多元化

(1)教学模式概念的深度解读。教学模式是一个在特定教育教学理念或理论指导原则下形成的相对固定的教学活动框架及其运行流程的整体观照。它不仅仅是一个微观层面的具体操作规程,更是一种宏观层面的理念体现,强调对教学活动结构的全局性把握,以及对其各个组成要素之间的内在联系、相互作用及其各自功能定位的深刻理解与精准运用。

(2)教学模式功能的阐述。商务英语教学模式作为理论与实践间的桥梁,在理论指导实践的过程中起到承上启下的关键作用,关系如下:商务英语教学理论—商务英语教学模式—商务英语教学实践。

(3)商务英语教学模式的多样性。在本科教育及高职教育体系中设计与实施商务英语课程架构时,均应采取一种全方位、多层次的复合型人才培养模式,即"基础英语教学与强化+专业商业知识传授+实操性商务技能培养+人文素养陶冶"的综合策略。这种四位一体的教学结构注重对学生的知识结构、能力水平和综合素质进行全面塑造,以实际应用能力为核心,整合多元化课程内容,并通过灵活多样的课堂教学手段以及丰富的实践活动,确保学生能够全面提升包括基本职业技能、专业领域专长以及持续发展能力在内的职业综合素质,以满足社会对商务英语专业人才的实际需求。

鉴于我国企业当前面临的复杂且快速变化的经营环境、日益严格的商业规则以及激烈的市场竞争格局,现代企业的运营管理模式亟须从单一的传统路径向多元立体化、广泛多维化、形态多样化的方向转型升级,以更好地适应现代社会生产组织形式和市场经济体系的发展要求。在这个四位一体的人才培养框架下,各个组成部分又各自拥有独特的教学方法和实践路径:①英语语言教学过程模式,关注语言基础知识的扎实掌握和有效沟通能力的培养;②专业知识教学(商科知识教学)模式,侧重于经济学、管理学等相关商业理论的系统讲授；③商务技能操作教学（商务实践教学）模式，强调将所学理论知识运用到具体商务场景中的实践操作训练；④人文素质教育教学模式，致力于提高学生的跨文化交际意识、职业道德和社会责任感等软实力。以上四个方面的教学模式相互融合、相辅相成，共同构建了商务英语的整体教学框架，即"语言教学流程＋专业知识教学体系＋商务实践技能培训＋人文素质教育模块"，由此呈现出商务英语教学显著的多元化特征。

第二章　商务英语教学的指导思想与基本理论

第一节　商务英语教学的指导思想

一、商务英语教学目的系统认识

商务英语课程教学大纲明确规定，其核心宗旨是引导学生通过系统学习和实际操作，获取在各种商务场景中所需的知识与技能。商务英语的教学方法已突破了以往以纯学科知识讲授为主的传统模式，转而采取以工作任务为核心组织课程内容的方式，鼓励学生在解决具体商务任务的过程中逐步构建理论体系，提升职业技能水平。因此，商务英语专业的整体教育目标可明确表述为：面向国际经贸行业和各类涉外企事业单位，致力于培养一批具有全球战略眼光、深厚的英语语言基础、全面而扎实的国际商务理论体系知识储备、出色的跨文化沟通技巧以及较高人文素养的实用型商务英语专业人才。

在构建学生完善的知识结构层面，该专业要求学生不仅要深入学习英语语言学的基础原理、文学作品的赏析能力以及广泛的文化背景知识，同时也要系统掌握经济学、管理学、金融学等商业学科的核心理念与基础知识，特别是国际贸易领域的重要概念与实践规则。而在能力塑造方面，尤为强调对学生语言实际应用能力的锻炼，包括但不限于书面表达、口头沟通以及商务写作等方面；与此同时，通过参与各种模拟或真实商务实践活动，提升学生的实战操作技能与解决问题的能力。另外，格外注重培育学生的跨文化交流能力，使他们能够在多元文化环境中灵活应对并有效交流。

此外，为了全方位塑造学生的综合素质，商务英语专业还特别重视通过人文素质教育来熏陶和提升学生的社会责任意识，激发他们积极参与社会公益活动的热情，并学会在团队合作中发挥积极作用，培养其良好的协作精神和团队领导力；同时，强调树立高尚的道德品质和社会伦理标准，确保学生在未来的职业生涯中始终坚守诚信原则，成为具有良好职业道德和社会责任感的优秀商务英语专业人士。

(一) 商务语言基础知识教学

语言基础知识涵盖了语音、语法以及词汇这三大支柱，它们共同构成了语言的规则基础与内容素材。在教学过程中，教师应当重视构建连贯的知识体系，并培养学习者在这三个方面的扎实技巧和熟练运用能力。

(二) 英语语言知识与英语运用能力之间的关系

1. 构建语言运用能力的关键在于坚实的语言知识基础

语言知识是构建和提升语言技能的基石，它在衡量个人英语水平上占据核心地位。语言知识主要由两个关键方面构成：一方面为语言结构层面的知识体系，该部分涵盖了语音、语法、词汇以及语篇内部的连接关系、文体构造等基础知识；另一方面则是语用知识层面，即在特定交际环境中正确使用语言的能力，涉及对语言功能的认知及社会语言学背景的理解。因此，拥有良好的语用知识对于准确得体地传达自身观点、确保有效沟通具有决定性意义。换言之，对英语语言知识的全面深入理解和熟练掌握，构成了提升英语语言运用能力的根本路径。

2. 学习英语语言知识应遵循选择性和针对性原则

鉴于英语语言结构知识和语用知识体系庞大而复杂，学生既不可能也无须面面俱到地进行详尽学习。为此，学生应当集中精力研读并精通英语基础知识体系中的五大关键板块，包括语音、词汇、语法、语言功能及其所对应的话题内容。尽管这五个方面构成了英语学习的基础要求，但它们仅仅是形成综合语言运用能力不可或缺的基础组成部分。

3.简要解读英语及其文化背景内涵

文化可被视作一个民族整体的生活方式和价值观的体现，是一个民族区别于其他民族的独特印记，同时也是人类历史长河中积累的精神财富与物质财富总和。在此背景下，语言作为人类思维活动的重要载体，伴随着人类劳动实践活动的不断深化与发展而逐渐形成和完善，与人类社会实践活动之间存在着紧密不可分的联系。在英语学习的过程中，理解并把握其所承载的文化背景信息同样至关重要，因为这直接影响到学习者能否准确把握语言含义，并实现跨文化交流的有效性与得体性。

4.商务活动中显现的中西方文化差异表现

（1）价值观的对比。欧洲文艺复兴时期及启蒙运动时代形成的自由、平等、民主理念，在欧美国家深入人心。然而，在中国悠久的历史文化积淀下，尤其是在经历了绵延几千年的封建社会时期，逐渐形成了集体利益优先于个人利益的价值观念体系。在这种观念指导下，人们普遍认为社会的整体价值凌驾于个人之上，个人的价值实现并非仅通过追求自我满足或个人成就来体现，而是更多地体现在对集体、对社会作出贡献的过程中。西方文化倾向于强调个体的独立性、自主性和个性发展，而东方文化则更加强调群体和谐、一致性以及个人对于社会整体和谐发展的责任感。这两种不同的价值观不仅塑造了东西方社会不同的行为规范和社会制度，而且影响着人们对人生价值的理解和追求方式。

（2）礼仪习惯的异同。如"Thank you"这类礼貌用语，在中西方文化中有着不同的运用方式。中国人通常较为含蓄内敛，在家庭生活中较少直接说"我爱你"或"谢谢"，而是通过实际行动如精心准备饭菜来传达情感；而对于亲近之人，不必过多客套地说"谢谢""不用客气"。而在英、美家庭中，成员间频繁使用"谢谢""做得真棒""你真细心"等赞美和感激的话语。此外，中国人一般在真心实意感谢他人付出时才说"谢谢"，而西方人则在更多场合使用此词。

(3) 审美情趣的区别。悠久的历史传统使得中西方各自形成了独特的审美习惯。色彩象征意义便是一例：在英国，紫色象征尊贵；白色代表纯洁；新娘婚纱通常是白色，而红色常与风尘女子相关联。相反，在中国，黄色象征皇家权威，民众喜好鲜艳的红绿色调，新娘着大红嫁衣寓意日子红火吉祥。认识这些中西文化间的差异有助于我们在文化交流和日常交往中避免误解，增进双方的理解。

(4) 姓名、数字、颜色等概念在中英文中的差异。在英语教学过程中，教师不仅要教授学生语言知识，还要引导他们了解文化背景。由于文化差异，英、美与我们的生活习惯和风俗习惯在很多方面不尽相同。熟悉英、美文化背景知识能够帮助我们从多个角度了解英、美人的日常生活习俗，从而充实语言文化背景知识，提升英语教学效果。确实，由于中西方文化差异，英语中的姓名书写、数字含义、颜色象征等方面都表现出与汉语截然不同的特点和用法。

5. 语言运用与文化取向的关联

在商务英语教学中，文化信息的传递占据着至关重要的地位，这意味着教师不仅要专注于提升学生的语言技能，更要着力培养他们运用英语进行跨文化商务沟通的能力。对于如何将跨文化商务交际能力的培养有效地融入商务英语教学实践中，需要深入探讨并明确实施原则。

(1) 对跨文化商务交际能力的认知与解析。首先，从交际能力的角度出发。20 世纪 70 年代，美国社会语言学家海姆斯（Hymes）提出了"交际能力"的概念，这一理念迅速得到教育领域的广泛认同，并引发了教学方法的重大变革。

(2) 跨文化商务交际能力培养与商务英语教学的深度融合。在非英语母语环境下，选择原版英文教材是确保语言、文化和商务规则相互渗透的有效手段。商务英语课程的目标不仅限于让学生掌握孤立的语言规则、词汇或句型构造，更重要的是教会他们在真实的商务情境中灵活运用有效的跨文化交际工具。

(3) 商务语用能力的塑造是商务英语学习的核心追求。学习语言知识的根本目的在于实践应用，而不是仅仅积累知识本身。商务英语的学习尤其强调将英语知识转化为实际应用能力，以提高学生利用英语获取信息、进行有效沟通交流以及表达情感的综合能力。

二、商务英语教学中的语言观、商务观、方法观、人文观

（一）商务英语教学中的语言观

语言作为一门错综复杂的学科，其内在复杂性直接影响商务英语教学的复杂层次。商务英语教育首先是一门语言教育课程，其次它也涵盖了运用该语言进行商业知识学习的教学内容。英语在商务场景中的运用不仅局限于语言技能的单一展现，而且涵盖了多种能力的整合与协调发挥。

1. 商务英语独特语体特性的深入剖析

商务活动中所使用的英语具有鲜明且独特的语体特征，这种语体特性是在特定的社会功能需求下形成的语言变体或风格类型的具体表现。商务英语因其特有的商务活动属性，包括其严谨性、正式性以及行业规范性要求，在语言结构的选择上显得尤为谨慎却又有规律可循，而在词汇选择及搭配方面，则显现出明显的行业特色和专业用语习惯。由此，商务英语衍生出了一系列固定的表达方式和术语体系，使得商务英语具有了与众不同的语体色彩和专业辨识度。

2. 对商务英语语体特性的系统研究及其影响探究

要深入探讨商务英语的语体特点，需要细致考察其具体表现在哪些方面，并进一步理解这些特性如何影响商务英语的实际应用与发展。识别并解析商务英语的语体特征，首先应当关注的是语体构成要素的辨别，这包括对其句法结构、词汇特点、篇章模式以及交际目的等方面的深入剖析。这些语体成分共同构建了商务英语的独特风貌，并决定了它在实际商务交流中如何高效、准确地服务于商务目标的达成。

3. 从语法结构层面剖析

商务英语在语法构造上显现出浓厚的正式语体特征，这一点与科技英

语和官方文件有着诸多共通之处。具体体现在以下几个方面。

（1）句式结构严谨且复杂多变。商务英语文本倾向于使用完整的长句结构，避免过度简化的短句或省略句型，以此确保商务信息传递的准确性和详尽性。在此基础上，复合句、同位语结构以及插入语等句法元素广泛存在于商务英语中，同时，逻辑连接词如"accordingly""however""on the contrary""consequently"等也被频繁运用，以强化句子间的逻辑关系。

（2）严格有序的组织结构与丰富翔实的信息量。商务英语文本具有严密的结构性和高度的信息密集度，为简化专业表述，常采用缩略形式，并大量运用动词非谓语形态，如现在分词、过去分词、动名词和不定式。此外，相较于标准英语，商务英语中的独立结构相对较少用到。

（3）普遍存在的格式化句型模式。商务英语中存在着许多固定不变的句型结构，尽管它们并非语法上的唯一选择，但在特定的专业情境下却扮演着不可或缺的角色，用于精准传达特殊的商务内容，如信用证条款的描述通常遵循一套严格的表述规则。

具体来说，在商务英语词汇运用的语体特征上，它包含了丰富的专业词汇与次专业词汇。例如，它涵盖了经济、贸易、保险、运输等多个领域的商务英语，包含了一系列诸如"insurance"（保险）、"carton"（纸板箱）、"transit"（运输）、"consignment"（货物）等专业术语，这些词语含义明确单一，专用于相关领域。而次专业词汇在商务英语中的含义则可能不同于一般英语环境下的理解，如"order"在商务语境下指的是"订单"，而非日常的"命令"，"offer"在商业交易中意指"报盘"，包括商品规格、价格和运输条件等内容，不再简单等同于"提供"。

总之，商务英语作为一门专门用途英语，拥有鲜明独特的语体特点。理解和熟练掌握商务英语的语体特征，恰当地发挥其语言功能，并精准把握其语域的特殊界限，对于商务英语的学习至关重要。教师在教学过程中应深刻认识到，教授语言的核心目标在于培养学生的实际商务交流能力，而不只是理论层面的探讨。在商务英语的教学实践中，始终坚持学以致用的原则，传授系统化的商务英语知识，学习地道的行业术语，锻炼得当的商务沟通技巧，这才是商务英语教学的根本要求。

（二）商务英语教学中的商务观

商务英语教学的核心是将英语语言教育与多元商科知识体系的传授紧密结合，涵盖了市场营销、经济学原理、金融学概论、会计实务及管理科学等多个相关领域的交叉内容。为了确保商务活动中各个环节及其伴随的各种单据、协议和合同有精确无误的表述，商务英语不可避免地运用了大量清晰、明确的专业术语。

1. 商务英语教学的课程要求

本课程着重对学生进行商务英语知识的训练和应用，培养口笔表达能力、涉外交际能力，使学生通过反复训练，养成运用英语思维和语言表达的能力。

2. 商务英语的教学思想

（1）基本理论。基本理论包括一般语言观、商务观、人文观及相应的规律、模式、原理。

（2）基本知识。基本知识是基本理论的应用，包括商务英语的教学方法、方式，各种类型的教学手段、技术的运用和使用，以及有关的道理和说明等。

（3）基本实践。基本实践是指初步把商务英语教学基本理论和基本知识应用于商务职场教学中的尝试，其主要形式是情境模拟、表演、讨论、电脑操作等。

（4）基本操作。基本操作是指商务英语教学中的技艺性或技术性的活动。例如，教学中每个项目具体任务的整体设计和构思等。

（5）专业思想。商务英语教学内容涵盖面宽泛，它包括人力资源、企业管理、市场营销、金融、国际贸易等各个领域的内容，掌握这些知识的深浅度以及所学知识需要的思想修养、文化修养等。

3. 商务英语教学中的课程内容

关于商务英语教学中的课程内容，因为全国对商务英语的学科地位和商务英语的人才培养模式还没有完全统一的定论,所以不同学校根据自己对商务英语的理解以及自己的教师资源情况,存在着各自为政的局面。

4. 课程目标

(1) 课程总体目标。本课程致力于为外经贸部门及涉外企业培育一批具备全球化视角、坚实的语言基础、全面商务理论知识、卓越的跨文化沟通技巧和较高人文素养的应用型商务英语专业人才。在构建学生的知识体系时,强调对商务概论、市场营销策略、人力资源管理、企业管理实践、物流运作以及国际贸易基础知识等基本商务理论的理解与掌握。

(2) 理论目标。通过本课程的学习,学生能掌握西方经济学、国际商法、管理学、人力资源、物流、国际贸易、国际金融、跨文化交际等方面基础商务理论,能运用商务和跨文化知识,从事对外商务工作。

(3) 实践技能目标。通过本课程的学习,学生能用英语和所学的商务知识进行对外沟通和交流,能参与各种商务会议和讨论,从事各种商务活动。

(4) 素质目标。通过本课程的学习,提高学生的社会责任感、团队协作精神和道德情操。

5. 课程功能

该课程旨在通过商务英语的学习实践,帮助学生掌握从事各类商务活动所需的知识,并探寻语言能力培养与商务英语知识学习的有效结合点,将语言基础知识、交际技巧、文化背景认知及商务专业知识有机整合在一起。

6. 课程特色

以专业为依托,体现学生未来职业特点;依托学生所学专业,淡化语言自身体系,拓展学生的英语职业能力,突出专业性。

7. 课程设计理念

本课程的核心设计理念是构建"以工作过程为导向的项目化教学的任务驱动课程模式",围绕这一中心,重点做好以下几个方面的设计:①课程设计指向实际工作过程需要而不是学科系统;②以实践作为课程教学的主线,通过实践带动知识与技能的学习,提高学生的社会责任感、团队协作精神、道德情操以及职业态度;③商务英语课程,在实训中没有可以操作的设备,工学结合很难实施,所以在教学过程中采用情境模拟方式,进行角色表演,完成虚拟工作任务;④全部教学按照项目下的任务进行,一个完整的项目通常包括几个任务。

8. 课程设计思路

课程设计应遵循以下思路进行:课程所对应的项目中的任务—任务中的职业能力分析—创设分解具体的工作任务—情境岗位角色表演—配置学习资源—完成教学工作任务—总结评价—巩固提高(课程综合实训)—实际应用(顶岗实习)。

9. 课程设计内容

(1) 理论内容设计。

(2) 实践技能训练内容设计。通过语言基础上商务专业知识的掌握这条主线来开展各种能力训练项目,培养学生在商务场合处理商务事务的能力,从开始的商务理念的建立以及从事商务活动所应遵守的商务道德和对商务专业知识的掌握到找准各种职场岗位和职责,进行具体的商务活动。

10. 采用的教学方法

教学有法,教无定法,贵在得法。由于每个项目中任务内容有所不同,因此教学方法会随着任务内容的不同而改变。在教学过程中,有很多方法可以使用,如项目教学法、情境教学法、合作教学法、案例分析法等。

11. 考核方案设计

学期总评成绩=平时成绩(30%)+期末成绩(30%)+实践操作成绩(40%);平时成绩=出勤(40%)+课堂表现(50%)+平时作业(10%)。其中,旷课1次扣5分,病假和事假5次扣1分,扣完为止。

（三）商务英语教学中的方法观

结构与功能的论战以和局淡出之后，外语教学理论的研究转向了模式、任务、活动等中观、微观方面。关于方法的概念是什么的问题，胡春洞认为方法是法则、是系统、是组织、是变化。笔者认为，胡春洞关于方法的观点也适合于商务英语教学。教学有法，教无定法，贵在得法。也就是说，只要合乎教学的客观规律，就是教学得法。商务英语教学运用的是多元综合法，而多元综合法是把各个教学法之长归纳为一个方法体系，所以商务英语教学法具有体系性，而体系性同时也是商务英语教学的法则。

商务英语教学法的系统性完全符合系统论研究的范畴。因为商务英语教学是开放性的，系统内部具有多层次的特点，所以把各个子系统的平衡，如语言知识、商务专业知识、实践技能和人文素质教育等的平衡，作为重要的方法措施。

（四）商务英语教学中的人文观

1. 商务英语专业人才的培养目标

商务英语教育专业致力于塑造能在国际经贸领域及各类涉外企业中发挥关键作用的专业人才，这些人才应具有全球视角、扎实的英语语言功底、全面系统的国际商务理论知识结构、出众的跨文化沟通交流技巧以及高尚的人文素养内涵。

为了达成这一人才培养目标，学校在构建综合知识结构的过程中，尤其重视引导学生深入学习英语语言学的基础原理、文学作品赏析及各种文化背景知识；同时要求他们对经济学、管理学、金融学等领域的基本理论以及国际贸易实务有深入理解和把握。在能力提升方面，学校特别关注强化学生的实际英语应用能力，通过模拟或真实的商务情境训练提高其操作实践水平，并在跨文化交流活动中培养和锻炼他们的适应性与有效性。此外，人文素质教育也是重要一环，旨在培养学生具备社会责任感、团队合作精神和良好的道德品行。

2. 商务英语教学中的人文观

（1）建设人文环境的意义。高等学校要着力营造人文氛围，培育和建设人文环境，这对于注重实用性和应用性的商务英语专业来说尤其重要。人文环境取决于学校管理者、教师和学生的认识与投入。

（2）具备人文意识的意义。人文意识是人文素质教育的先导，只有具备较强的人文意识，才能主动接受人文素质教育。因此高等学校要有组织、有目的地开展各种活动，提高和强化学生的人文意识。

（3）利用人文方法的意义。人文方法是蕴含在人文思想中的认知途径和实践手段，是获取人文知识的关键工具，揭示了人文思想形成的内在逻辑。掌握运用人文方法进行思考与解决问题的能力，是人文素养不可或缺的组成部分。

（4）掌握人文知识的意义。人文知识是提高人文素质的基础，有广义与狭义之分。广义的人文知识是人文科学知识的总和，狭义的人文知识就是中国和英语国家人文科学的基本知识。

（5）强化人文素养的重要性。人文素养在人文教育体系中扮演着核心支柱和关键目标的角色，它不仅强调对人文知识的深入理解和积累，更体现在将所学知识转化为解决实际问题的能力上，即如何有效地激活人文资源并运用到跨文化沟通交流的实践活动中。

（6）探讨人文精神的价值内涵。人文精神的本质是对人类自身价值的高度尊重与深切关怀。其具体表现形式多样，如对个体尊严的坚定维护、对个人价值实现的不懈追求、对人生境遇的关注体贴、对历史文化遗产的珍视保护，以及对理想人格模型的塑造与肯定。

（7）培育人文素质的意义。人文素质是由人文才能和人文精神相互融合而形成的整体素养。在现代社会中，人才不仅需要具备良好的身体心理素质、思想道德素质和业务专业素质，同样也需要注重提升人文素质。

（8）人文素质教育体系组成要素的相互关系。人文环境是条件，人文意识是先导，人文方法是手段，人文知识是基础，人文才能是关键，人文素养是目的，人文精神是核心。它们之间是相互作用和对立统一的关系，共同构成了人文素质教育的体系。

3. 商务英语教学中人文素质教育的途径

(1) 以人文教育为核心策略。构建具备深厚人文底蕴和全面综合能力的复合型人才，必须将人文素质教育视为教育体系中的基石，并给予其优先与核心地位。通过多元化的人文教育路径，结合课程体系建设及课外文化活动的深化实施，确保学生得到全方位的人文素养培养。

首先，在顶层设计层面，应建立一套系统且高效的人文教育模式，革新传统教学方法，精心设计符合人文素质教育目标的教学大纲和课程计划，开设一系列涵盖文学、心理学等多个人文学科领域的课程与专题讲座，以拓宽学生的知识领域。同时，人文类课程在教学实践中应注重更新教学方式，强调学生的主体地位，尊重并鼓励学生的自主选择权，充分激发学生学习的积极性和主观能动性，从而提高学生的综合素质和职业基本素养。

其次，在具体的教学执行阶段，积极推行以学生为中心的互动式教学法，如讨论式、辩论式、启发式以及直观形象化教学等多种形式，帮助学生将所学的人文知识内化为自身的人文素质。教师还应当善于挖掘各个学科中蕴含的真善美价值元素，将其作为人文教育的有效素材融入教育教学全过程之中，确保人文素质教育始终贯穿于学生的学习生活之中。

(2) 充分利用校园文化建设这一载体，营造浓厚的文化氛围。校园环境是学校精神文明建设的重要体现，也是人文精神传播的重要途径，对学生整体素质的提升具有深远而持久的影响。

丰富多彩的校园文化活动不仅能够拓展学生的知识领域，更是培养学生审美意识、塑造良好审美情趣的关键手段，对提高学生对美的感知力、鉴赏力、表现力和创造力有着显著作用。学校开展校园文化活动是强化人文素质教育、提升学生基本能力不可或缺的重要环节。

人文素质教育对于培养学生的哲学思辨能力和形象思维能力具有重要推动作用，将进一步激活他们的创新能力。同时，人文素质教育在提高学生的公共道德素质、职业道德素质、身心健康素质等方面具有决定性影响。通过系统的人文素质教育，可培育出既拥有高尚品德修养、人格魅力、健全心理状态与正确的价值取向，又具备敏捷思维方式、出色社交能力以及现代商务英语专业人才所需的高水平语言表达能力、书面表达能力、社会责任感、诚信品质等关键职业基本能力的人才。

三、对商务英语教学的全面思考

商务英语教学在中国的兴起与发展与国家改革开放的大背景紧密相连，其萌芽阶段始于 20 世纪 80 年代初。随着中国全面开放对外经济交流，特别是沿海和内陆地区外贸活动的迅猛推进，对具备扎实英语技能和深厚商务理论素养的专业人才需求呈现出前所未有的增长态势，这股强大的市场需求动力直接促进了商务英语教学在我国的发展。

各高等教育机构积极响应这一社会变革趋势，为满足不断攀升的人才缺口，纷纷开设商务英语课程或设立独立的专业学科。20 世纪 90 年代，商务英语教育进入全面发展繁荣期，其影响力和覆盖面迅速扩大，不仅在那些历来具有商务教育优势的传统高校中深化拓展，更进一步渗透到职业学院、私立学校以及各类中外合作办学项目之中。在此期间，商务英语的教学内容也得到了极大的丰富和完善，涵盖了国际金融、国际贸易实务操作、市场营销英语、单证与报关实务、旅游行业英语、酒店服务英语等多个专业细分领域。

然而，在生源竞争日益激烈的背景下，部分学校为了迎合市场热点，未充分考虑自身师资力量配备、教学设施条件等因素，便盲目跟风增设了一系列所谓的热门商务英语课程，此举在一定程度上暴露了教育资源配置不均衡的问题。

步入 21 世纪后，商务英语教学迈入了一个全新的发展阶段，即积极提升和改革时期。此时，商务英语教学不仅注重实践性知识的传授，更加关注理论研究与学术水平的持续提高。教师角色从单一的知识传播者转变为教学模式的创新者，他们不再仅仅局限于课本知识的教授，而是开始深入探讨并改进教学方法和策略，旨在培养更具竞争力的国际化商务英语专业人才。

现代专门用途英语起源于20世纪60年代后期,但商务用途英语教材早在15世纪末就已为解决英国和欧洲各国间的贸易语言障碍而出现;中国近代商务英语教学可划分为早期洋泾浜英语教学阶段和成熟期的标准英语商务应用教学阶段。这些早期教材及教学活动对于商务英语学科的发展具有不可忽视的实践价值。

构建商务英语教学时应遵循以下原则。

(一)整合处理语言知识、商务专业知识和中西方文化差异的教学关系

商务英语学习与运用必须结合商务知识和文化背景,三者相互依存。教师应在传授商务知识的同时讲解语言知识,并通过教学体现东西方文化的差异性。商务英语课程内容广泛,应以英语语言为基础,以商科知识为核心,以行业需求为导向,贴近职场实际,围绕学生未来可能涉及的各类商务情境组织教学内容,并穿插介绍英美文化习俗,激发学生的学习兴趣。尽管商务英语重视专业知识,但也强调语言本身的重要性,因为语言具备多种基本功能,包括问候、指示、信息传递、疑问、表达情感和言语行为等,这些功能同样适用于商务英语环境。商务英语专业的学生学习英语的目标在于利用英语进行各种商务活动,包括口头交流和书面文件处理(如商务广告和业务单据)。听、说、读、写、译等基本技能训练旨在培养学生的有效沟通能力,借助教学大纲、教材等资源指导学生掌握专业知识。

(二)调整与优化理论知识和语言知识的教学比重

商务英语教育中,理论知识体系涵盖了经济学基本原理、国际贸易运作流程、企业管理策略、人力资源管理实践、市场营销机制以及物流管理等内容。以往的教学实践中,往往过于偏重对语言技能的培养,使得许多商务英语教师的教学能力主要集中在语言层面,课程设计多采取"语言教学+专业汉语知识简单叠加"的模式,未能充分实现语言教育与商务专业

知识的深度融合。为了提升商务英语教学效果，推动学生商务技能的有效提升，应确保语言知识的教学为商务专业知识的学习打下稳固基础，并直接服务于商务技能的培育。在教授商务理论知识时，应当同步提高学生的语言应用能力；而在学习语言过程中，则需引导学生掌握并运用相关的商务专业知识，这两者应在实践练习的过程中达到有机统一。

（三）明确并强化人才培养定位与目标

构建商务英语专业的人才培养模式，首先必须确立以能力为核心的理念，确保毕业生能够迅速适应未来的工作角色。根据市场调研结果来制定清晰的培养目标，并结合不同工作岗位的具体需求进行细分领域的培养方案设计，尤其要加强实践教学环节。业内专家倡导的"宽厚活三维能力"模型要求学生不仅拥有扎实的英语基础知识，还需具备深厚的商务专业知识底蕴以及广泛的人文素养背景。在语言技能方面，学生应熟练掌握听说读写译五项全能；在商务专业领域，学生需要开阔知识视野，深化基础理论学习，拓展商务专业知识的教学深度与广度。同时在英语语言学习过程中巧妙地融入商务知识内容，在商务专业知识的学习过程中巩固和提升语言运用能力。此外，结合跨文化交际训练，着力培养学生实际操作和应用商务技能的能力。该专业秉持"英语语言教学＋专业知识教学（包括商科知识教学）＋商务技能实操教学（商务实践活动）＋人文素质教育"的全方位复合型人才培养特色，旨在增强学生对多元工作环境的灵活适应性，针对劳动力市场的动态变化及时调整专业课程设置与内容更新，以期提升毕业生的就业竞争力和更具选择性的就业能力。

除此之外，关于商务英语教学的哲学思考，笔者认为商务英语教学首先是语言教学，所以它具备语言教学应有的规律。这些规律有的是全局性的，有的是局部性的。在商务英语教学指导思想中需要有商务英语教育哲学思想作为统帅。哲学上关于理论与实践的统一、感性与理性的统一、矛盾的普遍性与特殊性的统一、对立统一、由量变到质变等基本观点和法则都适用于商务英语教学。哲学完全应该成为认识商务英语教学规律的重要武器。

商务英语教学,无论在理论上还是在实践上都是不断发展的。因此,商务英语的哲学教育学思想也应该随着商务英语理论教学和实践教学的发展而发展,形成以科学对待商务英语教学为指导思想和哲学思想的态度。

第二节 商务英语教学基本理论

经过长时间的发展,国内外众多学者在商务英语教学领域开展了广泛且深度的研究工作,并已积累了丰富的学术成果。其中,一些具有标志性意义的理论包括但不限于专门用途英语(ESP)理论、内容依托教学(CBI)理论、需求分析理论、建构主义学习理论、人本主义教育理论以及莱特博恩教学法等。这些理论是理解和改进商务英语教学强有力的理论基础和指导原则。

一、ESP 理论

(一) ESP 概念

为了能够在实际工作场景中更有效地进行沟通交流,不同领域和行业背景的学习者对英语学习提出了更高要求,期望能够得到更具针对性、更贴合各自专业需求的语言教育。

因此,在这种现实需求的驱动下,专门用途英语教学(English for Specific Purposes,ESP)作为一种新型的教学模式应运而生。ESP 教学旨在根据学习者的特定职业或学术背景定制课程内容,通过精准定位学习目标,着重培养他们在特定领域内运用英语的能力,从而满足他们从事商务交易、技术研讨、科研合作等各种实际应用场景下的语言使用需求。在这种教学体系中,教师将各领域的专业知识与英语技能相结合,确保学生不仅能够熟练地掌握基础语言知识,还能在实际工作中运用恰当的专业术语和表达方式,以实现更为高效准确的跨文化交流。

目前，ESP课程种类繁多、内容形式各异，我国已出版了众多关于ESP的专业期刊和书籍。如今，我国的大学英语教育及其专业英语课程体系正在逐渐向ESP教学理念转型。

专门用途英语具有显著的多元性特点，其表现形式丰富多样。在ESP教学过程中，所涉及的语言及语言学知识必须紧密围绕学生所学专业，为他们深入掌握相关专业领域的英语知识提供支持。"专门"二字清晰地揭示了ESP教学的目的，其教学内容也涵盖了特定职业领域所需的专业知识。在我国大学英语教学改革的大潮中，ESP教学已成为重要的发展趋势，英语教学将更加紧密地与某一专业领域或学科相结合。

（二）ESP课程设计的原则

依据ESP国际研讨会上相关学者的观点，ESP教学的未来发展趋势与教学课程设计的变化紧密相连，这涉及大纲制定原则的转变以及基于这些原则所采用的教学方法的演进。秦秀白教授在阐述ESP的本质时，将其定义为一种包容多元、以多种形式体现的教育哲学。结合国内外的教学实践经验，ESP教学所遵循的几个关键原则如下。

1. 真实性原则

有权威专家指出，在ESP教学体系中，"真实情境文本"的应用和"实际任务驱动的学习过程"是其独具特色的标志，而真实性则是ESP教学的灵魂所在。

2. 需求导向原则

部分研究者认为，相较于常规的语言教学方法，ESP教学的一大优势在于能够更精准地识别并满足学习者的特定行业或职业相关的语言需求。对此，秦秀白教授明确表示，需求分析是ESP教学大纲构建和教材编写工作的基础步骤。

3. 学生主体性原则

课程资源的设计应充分考虑学生的兴趣点，坚持以学生为主体，并赋予他们足够的自主探索空间。教师并非要面面俱到地讲解每一个章节的所有细节，而应根据每节课的特点，留出充足的时间让学生提问、思考、讨论，以及查找更多详尽的相关资料，从而将传统课堂教学转变为借助多媒体技术实现师生互动、生生互动的动态过程。

（三）ESP 课程设计的理论依据

不同学者基于各自的课程设计理论和实际需求，对 ESP 课程的设计进行了多元化研究。在设计外语课程时，需要借鉴多种学科理论指导，涵盖语言学、教育学、二语习得理论、系统论、管理学、交际学以及心理学等诸多领域。有学者曾经着重指出，在 ESP 的教学过程中，并不存在一种一成不变、适用于所有情况的固定教学方法。相反，教师应当具备根据实际教学环境和学生需求灵活运用多种有效教学策略的能力。这些策略可以涵盖情境模拟教学法，即通过模拟真实的工作或学习场景，使学生在具体语境中自然习得并应用相关专业英语；交际互动教学法则强调课堂上的双向交流与合作学习，鼓励学生积极参与对话讨论，锻炼其实际沟通能力；案例分析教学法则是通过对典型事例的深入剖析，让学生在解决实际问题的过程中掌握专业知识和语言技能；任务驱动教学法则以具体任务为导向，激发学生的主动性和创新性，使其在完成实际任务的过程中自然提升语言应用水平。同时，受到建构主义理论影响的自主学习模式也越来越受到重视，它鼓励学生自我探索、自我构建知识体系。

（四）ESP 课程设计的发展阶段

学术界并未对 ESP 的具体起源时间达成一致意见，但国际语言学研究社群普遍认同 ESP 作为一门学科始于 20 世纪 60 年代。在 ESP 领域享有盛誉的学者约翰·斯韦尔斯，在回顾 ESP 的发展脉络时明确指出：彼得·斯特雷文斯的研究揭示了早在 400 年前就已经出现了为外国旅行者编写的简短词汇手册，这可以被视为早期 ESP 实践的一个实例；同时，库尔特·奥皮茨也发现了 200 多年前航海业中船员们使用的高度专业化、双语对照的航海术语词典，这些都体现了当时特定行业对专业英语应用的需求。然而，根据斯韦尔斯的观点，将 ESP 视为一个独立学科领域的起点，应当从

1962 年算起。这一时间节点标志着 ESP 开始系统地、有组织地发展，并逐渐形成了自己的理论体系和教学方法论，以满足不同行业和专业背景学习者的特定英语需求。自那时至今，ESP 已历经半个多世纪的发展演变，学术界广泛接受哈钦森和沃特斯提出的 ESP 发展五阶段理论，即从语域分析、修辞与语篇分析、目标情境分析到以学习者为中心的阶段。

在 ESP 课程设计方面，国外积累了丰富的研究成果和具体模式。而在中国，相关研究不断拓展深化，并细分化，涵盖对国内外 ESP 课程需求分析、教学方法探究、教学手段创新、教学大纲构建以及课堂实证性研究等多个层面。这些多元的研究有力地促进了 ESP 课程设计品质的提升及教学实践的进步。

1. 以教师为主的教学模式

以教师为主的教学模式历史悠久，可追溯至 17 世纪 30 年代捷克教育家夸美纽斯所倡导的《大教学论》及其班级授课制度。这种模式中，教师处于核心地位，负责组织教学内容、运用各种教学媒介，如讲解、板书、多媒体等，向学生单向传递知识。在这种结构下，教师扮演绝对权威的角色，决定教学的内容、节奏和方法，导致课堂缺乏互动交流。

2. 以学生为中心的教学模式

以学生为中心的教学模式强调将学生置于教学四大要素（教师、学生、教学内容、教学媒体）的核心位置，教师则转变为教学过程中的引导者、辅助者和促进者。在这一教学模式中，教师充分运用情境模拟、团队合作学习以及开放对话等多元化教学策略，旨在激发和调动学生的主观能动性和创造性潜能。通过创设贴近实际生活或专业领域的具体情境，教师引导学生身临其境地感知与理解知识内容，使他们能够在更为直观生动的环境中自然融入学习过程。

因此，在这样的教学模式下，学生不再仅仅是知识信息的被动接受者，而是转变为积极参与到知识建构过程中的主体人物。他们能够结合自己的经验、兴趣和需求，主动探索并形成对知识的深层次理解和把握，从而全面提升自身综合素养和创新能力。

3. 双主教学模式（教师主导与学生主体相结合）

该模式是现代教学主流模式之一，它融合了"教"与"学"的主导作用，在保持一定传统教学模式的基础上，鼓励学生积极参与思考、探索与发现。陈坚林提出，计算机网络技术与外语课程的整合不仅创造了理想的教学环境，更使得教学结构体系由过去的"传授—接受"转向"教与学并重"。在这一模式下，四个教学要素间的关系发生了相应变化。教师更多承担设计者、协助者和管理者的角色，如谷志忠所述，教师需要设计适宜的学习环境与资源、指导学生协作学习、处理突发问题，以及确保学生在自主学习过程中得到适时的支持和指导。这种教师主导与学生主体的教学设计模式下的ESP教师标准与国外ESP教师标准相比较，表现出较高的相似性。

二、CBI理论

内容依托教学法（CBI）的起源可追溯到加拿大成效显著的沉浸式教育实践，这一方法最初在加拿大的中、小学乃至高等教育阶段得到创造性应用。该教学法的独特之处在于它将学科内容知识的习得与目标语言技能的提升紧密结合，在同一个课程框架内协同进行，从而打破了语言教学的传统孤立状态。

（一）CBI理论简介

在20世纪末至21世纪初的国际教育领域，CBI教学模式逐渐盛行，也被称作"内容导向教学"或"嵌入式外语教学"，其核心在于整合内容与语言学习为一体的教学实践。在该模式下，学生通过目标语来系统地学习不同学科的内容，这种策略被称为"基于课程内容的语言教学"。

实证研究显示，当学生通过CBI教学法研习特定学科时，他们的外语能力能够得到最高效和最快速的提升。这一显著成效引发了全球范围内众多语言学家及外语教育专家的关注，并纷纷着手进行各自的实践尝试与实验研究。

（二）CBI 理论的内涵

CBI（内容依托教学法）理论的本质内涵，强调将语言教育巧妙地嵌入特定学科内容的教学过程中，使外语或第二语言的学习与实际内容紧密结合，以此有效提升教学效果的质量。不少学者主张，在融合语言教学与具体学科知识的过程中，当语言成为探索学科知识的有效载体时，便能创造出极为有利的外语或第二语言学习情境。其背后的逻辑在于，学生在全神贯注于学科内容之际，若能将目标语言视为理解和深化知识的工具，则他们的学习状态会更接近于母语习得过程，从而极大地提高学习效率。

具体而言，CBI 方法论的优点可细化为以下几点。

（1）通过聚焦于实质性内容的学习，可以有效地减少学生们对于单纯形式化语言学习所产生的紧张感和焦虑。

（2）内容导向的学习模式大幅度增强了学生获取并理解的语言输入量，有助于他们在真实语境下积累丰富的词汇和表达。

（3）此种教学方式有力激发了学生们的内在学习兴趣与积极性，促使他们围绕学科内容或者个人感兴趣的议题进行生动且广泛的交流互动，进一步促进第二语言的自然习得。

（4）高层次的认知活动在这一过程中得以充分调动，包括批判思考、问题解决等能力的发展，这对于进一步提高学生的语言运用能力和水平具有深远的影响。

（三）CBI 的教学模式

1. 主题模式

主题模式强调校内外教育资源的深度融合以及教与学过程的紧密结合，意在构建起课内课外相互衔接的学习生态。这种模式围绕一个能够引发学生深度思考和兴趣的共同主题，在课堂上组织多样化的语言实践活动，如主题探讨、辩论、演讲、短剧表演及写作练习等，旨在提升学生的学习热情并全方位培养听、说、读、写、译的语言综合应用能力。

2. 课程模式

课程模式的核心是以目标语编写的各类专业教材为主要教学内容，学生在学习专业知识的同时习得相应的语言技能。此类课程面向具有学术研究需求且语言水平达到中等及以上的学生群体，通常由专业领域的教师授课，致力于同步提升学生的学科素养与语言能力。

3. 专题模式

专题模式的教学内容紧密关联某一特定行业或专业领域，采用实际工作场景或相关学科资料作为教学素材，常用于各种职业培训和专业团体进修，以培养具备特定岗位所需专长的人才。此种模式下，既可以由专业讲师主导，也可以由语言教师负责指导。通过深入学习大量学科知识，学生能有效提高语言运用技巧，并学会运用该语言解决实际的专业问题。

4. 辅助模式

辅助模式又称附带模式，是一种复杂的双轨教学系统，同时开设专业课程与语言强化课程。此模式下，语言教育服务于专业课程，由专业教师和语言教师共同承担教学任务，特别为那些主修专业但语言能力不足以跟上专业课程节奏的学生提供支持。在这种辅助模式的教学评价体系中，分别对专业内容理解和语言技能掌握进行独立考核。

三、需求分析理论

（一）需求理论

需求理论源自英国经济学家阿弗里德·马歇尔（Alfred Marshall）的研究。在这一理论中，需求被定义为个体对内外环境所提出的客观要求的内在反应，它体现了个体的一种缺乏状态，并通过主观感受和倾向性表现表达出来。英文中的"need"一词源于古英语，意指匮乏、贫困或急需的状态。"需求"内涵丰富，可从三个维度理解：一是指向贫穷、破旧、匮乏与亟须；二是指向缺失、不足或无有；三是指向期望和要求。需求的对象可以是生理层面的基本物质，也可以扩展到社会及个体心理层面的复杂因素。

在教育学领域内,研究者从主体视角深入剖析了需求的分类,将其归纳为社会层面的需求和个人层面的需求两个维度。首先,社会需求是指在特定历史阶段和生产力发展水平制约下,社会整体对人力资源开发、物质资源配置以及教育进步速度提出的具体要求,这是社会发展进程中不可或缺的战略性诉求。其次,个人需求则是指个体在一定的社会关系结构中,依据自身的政治地位、经济状况、生活环境、社会人才需求市场动态,以及个人理想抱负等因素,积极追求自我提升与职业成功,实现教育满足的过程。

当前,"以学生为中心"的教育理念日益深入人心,其根本在于关注并尊重每一位学生的实际需求和个性特点,旨在培养他们的自主学习能力,而非简单地将课堂转变为完全由学生主导的空间,避免对这一理念产生误解,认为只要让学生自由发表意见或单纯展示自我就是"以学生为中心"。我国悠久的教育传统中提倡的"因材施教",实质上也是要求教师根据学生的实际情况设定适宜的教学目标,设计有针对性的教学方法。同时,国外一些外语教学理论倡导采用"协商式课程大纲"的方式,即师生共同基于外语学习者的实际情况和需求,共同商定学习目标、规划学习路径以及制定评估机制。

心理学从个体生存于社会的角度出发审视需求,指出需求是人作为以生物和社会双重属性存在所必需的基本条件。而在哲学层面,需求被解读为人或社会为了维持生存与发展而对外部客观条件产生的依赖性和追求性。马克思哲学特别强调人的需求区别于动物需求的本质特性,即人的需求植根于劳动基础之上,只有通过劳动创造实物才能满足这些需求;并且,人的需求及享受行为具有强烈的社会属性,是以社会标准来衡量的。历史唯物主义进一步揭示,目的性构成了人类活动的核心特征,目的并非纯然主观意志的产物,而是源自客观世界,是意识到的需求的表现形态,因此,需求成为人们积极行动的根本驱动力源泉。与此相反,唯心主义则忽视了需求的客观真实性,过分强调欲望、愿望等主观需求形式的作用,仿佛人需求的产生和满足完全取决于个人意愿。旧有的机械唯物主义观念则将人的需求简化为自然需求,并试图以此解释社会历史的发展进程。而对于社会学家来说,需求是个体通过一系列有意识的行为意图去实现的目标,在个体的生存和发展中占据着至关重要的位置。尽管每个人都有各自独特的需求,但在社会生活中,个体的需求往往相互影响,形成连锁反应。随着个体和社会的不断变迁,需求也在持续演化,它不仅是人们追求的生活目标,更体现了一种潜在的行为动能。

总之,相较于心理学更侧重于探讨需求的内在心理机制,哲学和社会学更多地关注需求如何在复杂多变的社会环境中,通过个体的一系列需求驱动行为影响整个社会的发展进程。它们不仅深入探究人类需求的本质内涵,还关注这些需求如何塑造社会变迁的动力机制,并推动社会向前发展。

(二)学习需求

不同身份的教育参与者,包括学生、教师和学者,对需求的理解各异,并且每位学生对学习需求的认知程度也存在个性化差异。那么,究竟该如何界定学生的具体学习需求呢?

现实情境中,学习需求作为连接现实生活和社会教育系统的纽带,在学生的认知框架内自然地塑造了对学习的独特期待。因此,教育工作者在应对教育过程中可能遇到的各种矛盾冲突时,应着力发掘并积极回应学生对英语学习等领域的内在需求,通过科学有效的策略激发学生的自主学习兴趣,培养他们的学习动机。兴趣作为一种强大的心理动力源泉,是孕育学习动机的基础,它驱使人们不断追求真理,探索未知世界。因此,切实培养学生的学术兴趣,细致关照他们的学习需求,是激活他们自发开展学习活动、形成良好学习习惯的根本途径。

(三)学习需求分析

在经济学领域,需求分析作为一种关键方法被广泛运用,尤其在市场研究和消费者需求探索中,已发展出一套成熟的操作体系。在教育学领域中，尽管评估和考察活动由来已久且始终存在，但直到20世纪中期，系统化的教育需求分析才真正迈入实践应用的阶段。在此之前，虽然不断尝试各种评估方式，却未能形成一个全面、有序且科学的方法论体系来深入挖掘并满足各类教育参与者的需求。

教育需求分析的核心实质在于通过严谨的数据采集程序，对各类教育相关的数据进行细致的分类与整合，以揭示隐藏于数据背后的真实教育需求状况。这一过程中，教育者需要广泛收集包括学生、教师、家长以及教育机构等不同群体的具体需求信息，并将这些需求与各利益相关方的期待相结合，从而实现对教育需求的全方位认知和把握。

从另一个维度理解，教育需求分析是一种识别现实教育状态与理想教育愿景之间差距的有效手段。它旨在通过对当前教育现状的深度剖析，对比理想中的教育模式或目标，找出现实与理想的鸿沟，进而为教育改进提供方向和依据。

哈莱斯在教育研究中提出了独到见解，他认为教育需求分析是整个教育改革进程中识别问题及寻求针对性解决策略的关键步骤。这意味着，只有通过深入、准确的需求分析，我们才能发现教育存在的痛点与不足，并据此制定出具体可行的教育策略与措施，推动教育朝着更加符合时代要求和社会期待的方向发展。

总之，无论在哪一个领域，需求分析都包含了对资料信息的集中与深入剖析，是一个实证调查和诊断的过程，旨在通过识别存在的不足来解决实际问题。

学习需求分析作为教学实践中的一个重要组成部分，旨在经过大量实证数据的严谨分析发现教学中存在的问题，并通过科学研究为解决问题提供依据。该分析涵盖了四个核心维度：①物质资源条件，包括学习环境、学习材料、时间安排等基础要素；②心理条件因素，涉及教育心理学层面的需求，如学习兴趣、内在动机等心理驱动机制；③知识技能条件，即学生的既有知识储备、学习策略与方法等能力结构；④支持性条件，如教师的教学质量、学校的支持系统等外部支持因素。

学习需求分析的核心任务是揭示并量化当前教育体系下学生的实际学习状况与预期的教育理想之间的差距,并基于这种差异制定出一套切实可行的解决方案,以确保学生能够顺利达成预设的学习效果。这一过程中,教育工作者必须将学生置于研究的中心位置,运用科学严谨的方法来收集和解读信息,从而准确把握学生在不同学科领域中的真实学习需求及其在知识结构、技能掌握等方面存在的不足之处。通过对比这些现状与期望标准之间的距离,教育者能够有针对性地设计教学策略和干预措施,以弥合两者间的裂痕,这就是学习需求分析所承载的根本要义。

在外语教学实践中,需求分析扮演着至关重要的基础性角色,它如同一条主线贯穿于外语教学活动的每一个环节。如今,在策划一门外语课程之初,进行详尽的需求分析已经成为不可或缺的重要步骤。借助这一过程,课程设计者能够深入探究外语学习者的个体背景特征,明晰他们现有的语言能力水平与期望达到的语言目标之间的显著差距,同时还能深入了解学生们希望通过课程获取的具体学术内容,以及他们渴望习得的特定外语交际能力和技能。

通过完成细致的需求分析,外语课程的设计者不仅能够获得充足的数据支持,证明开设这门课程的必要性和合理性,还能依据分析结果有的放矢地设定符合学生需求的教学目标,精心编制教学大纲,并适时安排和调整教学活动内容,确保整个外语课程设计既具有高度的有效性,又具备极强的针对性,最终助力学生成功实现语言学习的飞跃。

四、建构主义理论

(一) 建构主义理论概览

皮亚杰和维果茨基是 20 世纪在建构主义理论学习领域最早且最具影响力的两位心理学家,他们提出了几个核心概念,包括"图式""同化""顺应"以及"平衡"。皮亚杰的核心观点强调,学习是一个双向互动的过程,当个人原有的认知结构与新信息之间处于不协调或"非平衡"状态时,即构成了学习发生的前提条件。通过"同化"(即将新信息整合到已有的认知框架中以扩展知识体系)和"顺应"(在原有认知无法接纳新信息时,调整并改造既有认知模式以适应新的情境)这两种机制,学习得以发生,并使原有的认知图式得到丰富或形成全新的内容。

(二)建构主义理论指导下的教育实践

与传统的以教师为中心传授知识的教学方式相比,建构主义教学观更强调学生的主动性、探索性和建构性。这一理论同样支撑着任务型教学和辩论式教学等现代教学模式。建构主义认为,知识是个体在与他人合作交流的过程中自我构建而非简单接受的结果,学习和发展是在社会互动中实现的。该理论倡导学习者从自身经验出发,主观地理解和解释客观世界,重视学习过程而非死板的知识灌输,并强调学习发生在人际交往互动之中。

建构主义视野下的教学活动,要求将"教师""学生""任务"和"环境"视为构建有效学习的四大关键元素。学生在认知活动中的核心地位不容忽视,应当认识到他们自身蕴藏着解决问题的潜能。教育过程中鼓励学生通过主动探究、积极参与团队协作等多元途径,立志成为积极构建知识体系的主体,并在这个过程中不断提升自我管理与调整学习策略的能力。教育的目标之一是培养他们养成自主学习的习惯,从而为未来持续终身学习打下坚实的基础。同时,教师扮演了帮助者、促进者、支持者、引导者和评价者的角色,负责创设适宜的学习环境,提供多样的信息资源,确保学生能够在具有真实意义的情境中学习。总之,有效的教育建立在学生对知识深度理解的基础之上,而这正是建构主义学习理论所追求的目标。

五、人本主义教学理论

(一)人本主义教学理论概要

在20世纪五六十年代的美国,人本主义心理学思潮应运而生,并迅速崭露头角,其中马斯洛(Abraham Maslow)和罗杰斯(Carl R. Rogers)成为该流派的核心代表人物。这一理论运动不仅在美国本土产生了广泛影响,其影响力更是跨越国界,对全球范围内的教育改革起到了深远的推动作用。人本主义心理学与当时同样具有重大影响力的程序教学法以及学科结构论并列,共同构成了20世纪世界教育史上最具变革力的三大思想潮流。在这股浪潮中,马斯洛和罗杰斯的思想主张强调人的内在价值、潜能挖掘和自我实现,对现代教育理念的发展和实践产生了不可磨灭的影响。罗杰斯所倡导的非指导性教学方法是人本主义教育思想的典型体现。人本主义教学观立足于人本主义学习观之上,并植根于崇尚自然人性论的基础。这些人本主义者坚信人性源于自然,认为个体具有发展自身潜力的本能和动力,人的行为与学习均源自感知体验,且多数行为受自我认知的影响。因此,真正意义上的学习应当触及学生的全部人格,而不只是单纯的知识传递;真正的学习经验有助于学习者挖掘自身独特品质,实现个人特质的发展和完善,从这个意义上说,学习即意味着"成长",成为更好的自己,才是实质性的学习历程。

每个人都蕴含着自我实现的成长倾向和需求,这要求个体不仅要维持现状,更要追求进步。基于"完整人格"和"意义学习"的理念,人本主义教育理论构建了一套独特的教学评价体系。意义学习中,学生深度参与学习过程的所有环节,包括目标设定、内容选择以及学习成效评估。该理论反对仅依赖考试成绩等外部评价方式,提倡内部自我评价,视之为培养学生独立性不可或缺的条件。这种评价的本质在于促使学生对自己的学习负责,使学习更具主动性、有效性和持久性,鼓励学生主动投入学习和评价流程。评价模式并不固定,主要侧重于学生与自我过去的纵向比较,而非横向地与他人竞争。通过纵向对比,学生能全面审视自己的过去,准确把握现在的位置,并科学规划未来方向。他们可以根据兴趣、个性发展等因素进行多维度评价,从而借助评价结果持续完善自我。

(二)人本主义教学理论在商务英语教学实践中的应用探讨

提升英语教育教学的整体质量,除了关注语言本身的教学,还需高度重视学生的个体情感因素。而这恰恰是人本主义教学法研究的核心所在。人本主义心理学的教育观念和学习理论富含深意,对当前英语教育教学研究产生了显著影响。为了革新英语教学实践，研究者们已在教学观念、课堂设计、师生关系等方面进行了诸多尝试。在英语教学中运用人本主义教学法，关键聚焦于以下几个具体方面。

1. 促进学生自我完善

人本主义教学方法在英语教育领域内对学生的学习过程产生了何种影响，这一问题引起了学者们的广泛关注。其中，莫斯利维茨的研究成果颇具影响力。莫斯利维茨投入了长达十五载的时间深入探究如何将人本主义理念有效融入教学实践中，并提出假设：采用人本主义教学法能够有力提升学生的自尊心，促进他们深度探索自我情感世界、认识自我价值，并学会尊重和接纳他人，进而培养其积极乐观的人生态度。这一系列变化能对学生产生积极的推动作用，激励他们在个人成长的过程中取得更高的学业成就。

2. 情感因素及其对英语学习的影响

语言习得是一个复杂且普遍的心理认知过程，它不可避免地受到个体情感智力等因素的深刻塑造，诸如动机、决心、兴趣、情绪反应（如喜欢、厌恶）以及性格特征等都在调节着这一过程。著名教育家加德纳和兰伯特强调，在外语学习中，学习者的主观态度、内在动力和性格倾向是决定性的影响要素。

（1）态度层面。态度由三个维度——认知成分（对特定目标的认识与信念）、情感成分（对某一目标的情感倾向和喜好程度）以及意动成分（对目标采取行动的决心和实践）构成。

（2）动机层面。动机作为激发、支撑和维持个人为满足需求、达成目标而进行活动的内心驱动力，是行为选择的关键内因。具体表现为对目标具有明确指向性和为实现目标付出持续努力。

（3）性格特质的本质与作用。个体的性格，可以理解为个人在对待现实世界时所展现出的持久而相对稳定但同时具有可塑性的心理特质和行为模式，它构成了个性的核心部分。荣格根据个体生命能量"力比多"对外部世界或内心世界的倾向性差异，将性格划分为外向型和内向型两种基本类型。

总结来说,在践行以学习者为中心的教学策略时,我们务必深刻理解和尊重每个学习者的情感因素,确保它们能够在语言学习过程中起到积极促进的作用,从而营造一个既轻松又高效的学习氛围。只有当学习者具备了正确的学习态度、明确的学习动机,以及能够积极适应不同情境的性格特点时,他们才能更有效地掌握英语这一语言工具,提升自身的语言能力和综合素质。

3. 破除学习者心理壁垒

在英语教学实践中,存在一些常见的心理障碍,包括交际恐惧、考试紧张、对负面评价的担忧和受挫感。其中,交际恐惧是指个体对于预期或实际的人际交往感到害怕或不安,表现为倾向于避免社交互动或参与交谈时犹豫不决,尤其对外语能力自我评价较低的学生来说,这种外语交际恐惧可能更为显著。考试紧张则是指学生在面对考核时,因担心无法展现足够的实力而产生的焦虑心态。考试过程中的焦虑可能源自学生自身技能不足。

4. 调整教学方法

人本主义教育理论着重指出学生应是课堂活动的中心,教师则应侧重于激发和辅导学生进行自主学习。基于这一理念,有人归纳出一系列遵循人本主义教学法的教学策略,所有这些策略都致力于增强学生的自我驱动学习能力。在贯彻人本主义精神的英语课堂实践中,可采取以下具体措施:增设各种个人展示环节,如发表演讲、朗诵作品、参与主题对话以及展开小组讨论;采用多元化的教学手法,借助真实案例、图片资料、音乐元素、网络资源等媒介,生动展示英语在实际生活中的运用场景,加深学生对英语文化的感知与理解,让他们明白学习英语对于适应现实生活的重要性、实用性和必然性;同时,要揭示英语语言的艺术美感,提供机会让学生从美学角度鉴赏这门语言的魅力。

5. 在商务英语写作教学中有效融入人本主义教学法

过程教学法历来被视作体现人本主义教学理念的有效实施方式,其优势主要体现在两个方面：一是高度重视学生的情感因素在学习过程中的作用，二是创新了教师批改作业的传统方式。然而，该方法也存在局限，例如可能忽视对学生写作前期的充分指导，使他们在写作过程中缺乏可供借鉴的范例参考；未能根据不同文体类型制定针对性的教学步骤，且整个教学过程耗时较长；另外，由于输入的语言知识可能不够充足，学生在写作时可能遭遇诸多语言障碍，影响表达效果。因此，在商务英语写作教学中切实落实人本主义教学理念，实施以人为本的高效写作教学法，就需要综合权衡并兼顾以下几个要点：第一，首要任务是确立学生的主体地位；第二，强化教师作为引导者和辅助者的角色；第三，确保教学内容具有很强的实践性和应用价值；第四，采用丰富多样的教学形式与方法；第五，建立平等尊重、和谐互动的师生关系；第六，采用鼓励为主、促进发展的评价体系。

六、莱特博恩教学理论

1993年，莱特博恩和斯彼德经过长时间的深入实践探索与精心研究，将外语学习理论归纳为四个主要类别：行为主义理论、认知理论、创造性建构理论以及第二语言互动理论。

参照莱特博恩的理论视角，在商务英语教学中，行为主义理论与认知理论同样具有重要适用性。因为商务英语教学本质是基于普通语言教育，并且在掌握商务理论知识的过程中，解决商务英语词汇、语法等基础问题。

（一）行为主义理论视角下的商务英语教学

从行为主义者的理论视角来看，无论是语言习得还是其他非语言技能的学习过程，都是基于相同的强化程序和习惯形成机制得以实现的。在这个过程中，学习者通过观察并主动模仿其所在言语环境中的示范人物，反复进行练习以接收和处理语言输入信息；而"刺激—反应"这一基本原理构成了行为主义学派理论体系的核心内容。换句话说，他们认为个体的语言能力是通过在特定环境中对示范行为进行重复并得到正面反馈（即强化）后，逐步建立起稳定的条件反射式语言习惯的结果。该理论认为语言是一种习得的行为模式而非思维现象，它通过习惯的培养得以掌握。因此，语言习得被描绘成一系列习惯形成的进程，而学习外语的过程也与母语习得相互关联。

商务英语因其高度的专业特性而区别于一般英语，是随着商品生产和国际贸易活动的发展而逐渐形成的文体形式，能够准确反映商务活动的语义内容。商务英语虽然与大众日常生活有着内在联系，但也涵盖了专属于商务专业人士的内容。商务英语侧重于逻辑清晰、思维严谨精确以及结构严密，而非追求艺术化的表达。

商务英语作为专门用途英语的一个分支，其教学是社会发展必然需求的产物，是对普通英语教学的扩展和完善，标志着英语教育更加紧密地结合社会经济实际，致力于培养实用型英语人才的重要变革。尽管商务英语教学起步较晚，但其发展迅速。商务英语作为英语的一种功能变体，要求教师有针对性地教授商务英语词汇及其与普通英语词汇的联系，目标在于确保学生能够恰如其分、得体、准确地使用商务英语。

长期以来，商务英语教学采用情境分析法。这种方法基于功能语法和社会语言学理论，强调语言是社会交往的工具，促使教师在不同商务情境中培养学生运用商务语言进行恰当交流的能力，而不仅仅是学习孤立的词汇和语法结构。

（二）认知理论在商务英语教学中的应用

认知心理学家强调，学习者在语言习得过程中必须积极地对语言的各个方面进行深入理解，并尝试通过言语表达来巩固这种理解。他们认为，个体并非仅仅被动地接受外界信息刺激并形成固定的反应模式，而是通过主动参与各种经验活动和实践操作，逐渐培养出自觉、灵活运用语言的能力。认知理论在某种程度上与强调内在固有能力发展的先天论（内在论）存在一定的相似性，但其内涵并不完全重合。

认知学习的范围广泛且具有深度，它不仅包括知识的吸收过程，还涵盖了问题解决策略的掌握及情感学习与技能学习中所涉及的认知成分。从广义角度看,认知是指人类的所有认识活动,囊括了思维推理、记忆保持、感知觉察、识别判断以及类别划分等多种心理功能。而狭义层面的认知,则聚焦于人们如何理解、领悟接收到的感觉信息,即处理和解释这些信息的心理机制。

不同于单纯强调环境刺激与个体行为之间的机械联系的行为主义理论,认知理论主张学习是一个主体积极构建意义的过程。在这个过程中,学习者不仅仅是对外部世界信号做出反应,更注重分析和把握不同事物间的复杂关系,以及这些关系在刺激与反应间起到的中介作用。换言之,认知理论认为学习是个体主动适应周围环境的动态进程,是通过内部的认知加工活动逐步理解和描绘客观世界的本质特征及其相互联系的过程。商务英语教学正是对职场商务语言运用与商务专业知识间关系的认识过程,需要依据职场需求调整教学内容,使之与商务场合相适应,体现商务英语的独特性。

商务英语的学习经历了一系列复杂的进程,融合了英语语言教学、商科专业知识教学、商务操作技能教学以及人文素养教育。这一系列的教学环节使得学习者能够在模拟真实商务环境中,通过对专业性强的商务语言的反应与环境互动,构建起特定的认知结构,从而获得使用商务英语的深层意义,并能有效地在不同职场环境中用商务英语进行贸易谈判和合作。

商务英语的学习过程与完形说、顿悟说、符号-完形说及乔姆斯基的语言学习论等理论相契合,是一个复杂多元的知识学习之旅。学习者需要全面掌握综合的语言知识体系、深厚的商科专业知识体系以及优秀的人文知识体系,特别是跨文化交际能力。

第三章 商务英语教学方法与课程体系构建

第一节 商务英语教学方法

自现代商务英语课程诞生以来,关于教学方法的探讨、研究与改革就从未停止。合理有效的教学方法能够有力地推进英语教学实践活动的展开,同时,也能够丰富商务英语教学理论。本节主要围绕任务教学法、项目教学法、交际教学法、情境教学法(多媒体教学法)和案例教学法这几种教学法展开。

一、任务教学法

自20世纪80年代起,任务教学法作为一种外语教学方法崭露头角并吸引了众多研究者与教师的目光,其相关的理论研究、实践探索和应用延续至今。那么,究竟是什么使得这一教学模式保持生命力且备受关注?它的理论基石是什么?它为当今外语教学带来了哪些启示?这些都是有待明晰的基本问题。

此外,部分教师可能将采用新的教学方法简单视作一种具体教学手段的选择,而实际上问题远比这复杂。深入探究任务教学法及其背后的理论层次有助于我们更好地理解这种教学策略,并为外语教学实践提供有价值的参考框架。

(一) 任务教学法的发展背景及价值体现

任务教学法是在外语教学和第二语言习得领域内，由众多研究者与实践家基于深厚的学术研究成果及实践经验而提出的具有广泛影响力的教育理念体系。这一方法成功地将语言运用的核心原则转化为可操作的课堂教学模式，使语言学习从理论层面走向了实践应用的高度。具体来说，任务型语言教学是一种策略，它借助课堂活动情境，引导学生直接用英语去完成一系列与日常生活、学习、工作紧密相连的真实任务，从而使得课堂教学目标更具真实性与任务导向性，有效增强了学生实际使用英语的能力。

换言之，任务教学法通过创设具体的任务情境，以任务执行的动力来整合知识传授与技能训练，涵盖听、说、读、写等多元化的语言实践环节，确保学生在完成各个任务的过程中不断锻炼并提升所学语言的实际运用效能。这种方法尤为注重学生的主体地位，鼓励教师从学习者的视角出发设计各类教学活动，以期在解决不同任务的过程中，逐步培养和发展学生的语言运用能力。

在语言教学学术界，"任务"被定义为一种旨在指导学生在目的语学习过程中，理解和运用目的语进行互动交流的实质性课堂活动。学生在执行任务时，必须运用目的语理解信息并进行有效的交际沟通。一个高质量的任务应当具备以下特征：首先，重视意义的准确传达；其次，聚焦于解决某个具体的交际问题；最后，任务的成功与否，主要取决于任务完成的情况。在课堂上要求学生"按照类别对一系列商业产品进行归类"，就是任务教学中的一个典型实例。

任务型课堂教学的设计通常包含五个不可或缺的关键要素：其一，教学目标明确。总体而言，英语课程的目标是全方位培养学生的综合语言交际能力，这不仅包括扎实的语言听说读写技能，还延伸到社会语言能力、篇章构建能力和自主学习策略的掌握。其二，输入材料丰富多样，即设计任务所需的各种资源素材。这些素材可能来源于教材、报纸杂志、学生原创作品、影视资料、歌曲等多种渠道。其三，精心策划活动内容，即教师布置给学生需要完成的具体任务项目。其四，师生角色定位清晰。学生作为积极的信息交流者参与到活动中，主动参与学习进程，频繁展开双人或小组合作交流；教师则扮演着推动者、组织者和监督者的角色，并在必要时融入活动成为学生们的合作参与者。其五，构建适宜的教学环境。任务完成的形式（个人练习或是小组协作）、时间分配规划，以及活动是否在课内进行等问题。

目前，任务导向的教学方法已在世界范围内的众多国家与地区得到了广泛的采纳和实践，其理念和模式被广泛认同为一种以学习者为中心、深度挖掘并展现语言实用价值的前沿且卓有成效的教学策略。

（二）任务教学法的主要特点以及内涵

传统教学方式下，学生通过学习英语知识来掌握英语技能。任务教学法作为一种新型的教学方式，强调学生在教师的指导下完成安排的学习任务，深化学生对于知识的掌握，提高学生的学习能力。该教学法指出，仅仅依靠简单的语言知识进行学习与技能训练，难以真正达到教学目标。在教学中，教师应紧紧地围绕着既定的语言项目，为学生设计科学合理的任务，并给予学生必要的指导，从而让学生掌握知识与技能。

任务教学法包括多个方面内容，如前期的准备工作、中期任务、后期阶段巩固等。在准备阶段中，教师应向学生明确教学任务的主题，根据学生学习中可能存在的问题预先制订可行性解决方案，为下一个环节的学习做好铺垫。在中期的任务阶段中，教师向各个小组分配角色与任务，引导学生共同完成这些任务，同时，教师在这个过程中扮演指导者的角色，在学习上给予学生必要的指导，引导学生通过合作与讨论得出正确结论。教师可引导学生进行表演，而后以小组成员的表演结果为依据，对任务完成情况进行总结，强化学生对任务的了解。在后期巩固阶段中，主要是在核心任务顺利完成之后，教师应以目标为中心，布置课后任务，适当开展对应的活动以帮助学生进一步巩固知识。

（三）任务教学法的优势

相比于传统的语法翻译教学模式，任务教学法在多个层面上凸显出其显著优势和革新性特点。

首先,在教育理念上,任务教学法打破了以往以考试成绩为唯一衡量标准的教学传统,将教学内容设计成一系列需要学生亲身实践并富有挑战性的任务模块。这种方式极大地激发了学生的学习内驱力和自主学习意识。借助现代计算机多媒体技术手段,教师能够结合具体任务情境提供丰富多元的信息输入,如图像、图表、音频及视频等生动直观的教育资源。

其次,在技能培养方面,任务教学法尤其关注实用英语能力的提升,特别强调对学生听力理解和口语交际能力的强化训练,旨在满足现代社会对具有国际化竞争力人才的需求。该方法通过精心策划有目标导向的交际活动和意义建构过程,鼓励学生积极表达自我,着重锻炼他们在实际生活或工作场景中运用英语解决真实问题的能力。

最后,在人格培养和社会适应性方面,任务教学法起到了独特的促进作用。它倡导将课程内容转化为一系列团队合作完成的任务,要求学生在相互沟通协作中识别问题、分析问题,并最终找到解决问题的有效策略。这样的模拟商务环境下的任务环节让学生能够在近似真实的项目执行过程中亲身体验,充分创造交流互动的机会,降低单一语言形式学习的压力。

(四)任务教学法在商务英语教育领域的应用实践

1. 商务英语的教学需求特点及其对任务教学法的影响

商务英语作为专门用途英语(ESP)的一部分,其教学目标和内容相较于普通英语(EGP)具有明确的针对性。因此,在商务英语课程中采用任务教学法时,需要针对其特性进行定制化设计。

2. 商务英语教学中任务教学法的应用原则与操作步骤

在商务英语课堂教学中,教师应遵循一系列具体的原则和步骤来实施任务教学法。首先是基于既定的教学大纲以及实际商务情境的需求,精心筛选并确定相关的语言教学内容,确保每一堂课的详细教学目标和内容紧密贴合所设计的任务活动。

其次,在任务活动策划阶段,教师需全面考虑学生的个体差异,包括他们的英语学习态度、年龄特点、性格特质以及现有英语水平，从而设定明确的活动目标，选取恰当的活动形式，并详细规划出任务从启动到完成的各个步骤流程。

最后，教师需审慎把握自身与学生在执行任务过程中的角色定位，合理安排课堂活动的形式（如小组合作或个人独立完成）、座位布局以及监控指导策略。教师要全程关注学生在任务执行中的进展状况，及时提供有针对性的指导，并灵活调整教学策略以适应不同学生的需要。

3. 商务英语课程中运用任务教学的核心要点探讨

在商务英语课程中采用任务教学时，有以下几点关键要素必须予以重视。

首先，任务设计设置的语言情境和表达形式既符合实际商务功能需求，又遵循语言学习规律。让学生置身于自然或模拟的商务情境中体验和学习语言，有助于他们更好地理解和掌握语言知识。

其次，任务设计不仅要关注语言形式的学习，也要强调语言功能的培养，使学生在掌握语言结构的同时，学会如何在实际交流中创造性地运用语言。通过完成各种任务，学生能够整合运用已学知识和技能，用连贯、准确和得体的交际性语言进行有效沟通。

再次，任务设计应具有多样性与层次性，以满足不同类型和不同能力层次学生的学习需求。每个任务都应有可呈现的学习成果，同时配备解决问题和执行任务的具体方法，提高任务的实际操作性和可行性。在整个任务过程中，给予学生足够的独立思考时间和空间，促使他们在解决问题中实现自我提升和自我完善。

最后，学生通过完成特定任务达到语言学习目的，围绕特定目标采取行动，积累实战经验。任务完成后，可以通过团队报告、书面作业等多种方式展示和评估学习成效。

4. 商务英语教学中任务教学法的细化实施流程

遵循以上原则，结合教材内容，任务教学法可以细化为六个连续的教学环节：基础知识铺垫、前置任务导入、个体自主探究、小组协作互动、真实语料实践及书面成果总结。

（1）基础知识铺垫阶段。教师首先简明扼要地介绍本章节的重点内容，配以相关概念、术语和基础理论的讲解，为后续任务奠定坚实的基础。

（2）前置任务导入阶段。在构建了必要的背景知识框架后，教师通过引入与日常生活紧密关联的引子话题，逐步过渡到与本章主题密切相关的预设任务，引发学生兴趣。

（3）个体自主探究阶段。借助于前置任务激发的学生主动学习意愿，促使其通过阅读、查阅资料和适时向教师求教，深化对任务的理解，为随后的团队合作搭建桥梁。此时，教师的角色转变为任务的设计者、协调者和支持者，旨在培养学生自主学习和独立思考的能力。

（4）小组协作互动阶段。具备了一定专业背景和前期准备的学生们，通过分组讨论、配对练习、角色扮演等形式，共同使用目标语言去完成教师布置的任务，从而使任务执行更为流畅高效。此阶段鼓励全体学生积极参与讨论，避免少数学生占据主导地位的现象发生。

（5）真实语料实践阶段。针对ESP课程的特点，教师利用多媒体资源和网络平台为学生提供丰富的商务真实案例材料供其分析研讨。通过剖析这些真实案例，学生将理论知识应用于解决实际问题的能力得以锻炼，同时也能增强对所学知识实用价值的认识。

（6）书面成果总结阶段。前面的环节侧重于口语交流，但为了保持对语言形式规范性的要求，教师会布置书面总结报告，要求学生系统回顾所学内容，巩固新知识。通过规范化的书面表达训练，学生可以逐渐改正可能存在的"中式英语"现象，最终养成符合商务场合标准且地道的英语表达习惯。

（五）任务教学法在商务英语教学中的应用要点

在我国，任务型教学法已逐渐成为语言教学的先进方法，各层次的英语教师都在积极学习和实践这一理论，并取得了显著的教学成果。然而，在商务英语课堂中，任务型教学法的应用仍存在一些误区和偏差。

1. 任务设计应注重信息差

任务的特点之一是"差距",即任务应与学生的知识现有能力保持一定距离,使学生需通过学习新知识才能完成。这些差距可以涉及知识、能力、技能、信息以及文化等方面。在实际教学实践中,教师们往往未能充分重视并有效利用信息差这一教学策略。信息差,作为一种独特的教学设计理念,是指在课堂互动中设定一种知识分布状态,即某个学生已经掌握了某些特定信息或知识点,而其他同学对此尚未了解。在这种情况下,通过组织学生们进行有效的沟通与交流,未掌握该信息的学生可以从已知信息的学生那里获取所需的知识,进而共同完成教学任务或解决某个问题。

具体来说,在实施教学活动时,教师可以刻意创设情境,让一部分学生先获得部分关键信息,形成信息优势;而另一部分学生则需依赖于同伴间的互动交流来填补自身的信息空白。这种设计不仅能够激发学生的主动学习意愿和团队协作精神,还有助于提升学生们的沟通技巧和批判性思维能力。同时,通过信息差的运用,每一位学生都有可能成为知识的传授者,从而提高整个班级的学习效率及参与度,使得课堂教学更加生动有趣且富有成效。

2. 任务设计应贴近真实生活

在任务型语言教学中,有时会出现脱离语境的现象。若任务设计不贴近真实生活,学生便无法在语境和交际活动中真正认识和学习语言。英语作为交流工具,应用于解决现实问题和完成真实任务。商务英语阅读课的任务设计应既重视结果,又注重过程评估。任务的目标和要求应具有实际意义,任务的内容和形式应尽可能真实可行。

3. 解决任务的策略应多样化

在任务型教学中,学生常缺乏应对策略,误认为语言知识等同于交际能力。这导致学生在口语表达中存在流利度不足、过度关注语法和句法、语言停顿过长等问题。其原因主要包括专业知识不扎实、受传统学习方式影响、缺乏分析问题的逻辑思维能力以及不良的阅读习惯等。因此,任务型教学法虽能提高学生的学习兴趣和语言能力，但要完成有意义的学习任务，学生的外语表达能力必须达到一定水平。

二、项目教学法

商务英语实训课程作为专业学习的深化与拓展，其核心目的是通过模拟真实的商务情境进行交际训练，提升学生的商务意识、锻炼其商务口语表达的基本技能和策略，并借此增强学生的职业竞争力和整体素养。项目教学法为此类目标的实现提供了一个有力的教学框架。

（一）项目教学法的发展及意义

项目教学法起源于美国进步教育运动，由教育家基尔帕特里克在其同名论文中首次明确界定。该教学法在 20 世纪 70 年代的北欧和中欧地区得到了重大的复兴，并被广泛应用于多种现代教育改革运动，包括综合学校教育、社区教育、开放课程以及实用教学等。在美国职业教育和其他领域内，当提及建构主义、探究式学习、问题导向教学和设计型教学时，项目教学法常被视为最佳实践之一。"项目"这一概念的理念与法学家的案例分析和行政人员的模拟演练有着相似之处，均源自职业的专业化要求。但相较于试验、案例分析和沙盘推演，项目教学法更强调"构建"性学习而非经验性、解释性或策略性学习。项目教学法以"项目"为载体组织教学活动，项目设计整合多学科的知识点，让学生在解决一个完整问题的过程中掌握系统的知识体系。这是一种典型的以学生为主体的教学模式。

（二）项目教学法的优势阐述

在中国传统的讲授式教学背景下，学生往往容易养成依赖性和惰性，这不仅对其当前的学习不利，对其未来的工作也可能造成阻碍。相比之下，项目教学模式是一种实战性的教学模式，它摒弃了预设答案，倡导师生共同参与、合作解决问题，且结果具有不确定性。此时的教师不再单纯扮演传授者的角色，而是转变为"引导者"，借助项目让学生亲身体验现实商务环境和流程，建立对商务活动的基础认识，通过提出相关问题激发学生独立思考并形成个人见解，进而带动全班同学展开讨论，最终达成高质量的学习成果。项目教学模式以其生动活泼的特性取代传统教学的刻板单调，能够有效调动师生积极参与的热情，将学习转化为解决一系列现实生活中的挑战，同时也利于教师进行反思性教学，对师生双方能力是一次又一次的锤炼与提升。因此，学生会更加热爱学习，自然而然地提高学习成效。

（三）项目教学法在商务英语教育中的独特表现

国内研究者将项目教学法融入商务英语教学实践中，确保专业课程与学生未来职业需求紧密相连。商务英语的项目式教学旨在引导学生通过相关语言实践与未来职场建立联系，让他们完成具有实际职业价值的任务。基于多位学者的深入研究和探索，项目教学法在商务英语教学领域的应用彰显出以下显著特征。

（1）在实践导向方面，项目教学法强调与现实世界的紧密联系，所设计的项目主题均围绕实际商务情境展开，确保了学生所学内容具有极高的针对性和实用性。通过这种方式，教学活动不再是独立于真实世界之外的理论探讨，而是鼓励学生积极参与到模拟或真实的商业环境中，解决实际问题，从而提高其在未来职场中的适应能力和竞争力。

（2）在自主性探索层面，项目教学法赋予学生高度的选择权，允许他们在课程内容选择、学习方法运用以及成果展示形式等方面拥有较大的自由度。这种教学方式打破了传统课堂中教师主导的教学模式，转而激发学生的主观能动性和创新精神，使他们能够在独立探索和团队协作中锻炼自我管理、解决问题及创新思维等关键能力。学生不再仅仅是被动接受知识的容器，而是主动参与到知识建构的过程中，这不仅有助于增强他们的学习兴趣和动力，也有利于培养其终身学习的习惯和能力。

（3）进阶发展：结合长期与短期项目，形成连贯的认知过程以达成教育目标。

（4）综合应用：体现跨学科交叉和综合能力运用的特点。

（5）开放多元：学生的探究途径、展示形式及评价标准呈现出多样性和可选择性。

总之,在商务英语项目教学过程中,语言学习始终是核心。而通过项目实践,学生的自主学习能力、社会交往能力、非言语交际能力及话语表达能力均得到显著提升,这些能力的提高也是衡量语言习得阶段进步程度的重要标志。项目教学法不仅是一种先进的教育理念,而且可以具体化为行之有效的教学策略,并广泛应用于各类教学场景中。在商务英语中采用项目教学法有助于理论与实践相结合,着重关注学生的全面发展,追踪他们在每个项目阶段的成长,是一种典型的建构性学习方法。

(四)项目教学法在商务英语课堂中的实施步骤概览

在策划和选择实践项目时,需充分考虑项目的意图、内容、条件及其与当前教学实情的契合度,经过深入分析和科学论证后做出决策,务必确保项目设计能够适应学生的个体差异,以实现高效的教学目标。遵循的原则主要包括:课程内容的整体性和连贯性,难度设置要适宜并逐步提升,强调趣味性和吸引力,紧密联系生活及工作实际场景,注重启发性和探究性学习,目标设定明确具体,将真实性与动态性有机结合。

1. 项目教学的前期准备工作

(1)增强学生认知意识。在启动项目教学之前,教师需要向学生详尽阐述实训教学的目标定位、具体内容、价值意义以及相关要求,并预先做好充足的硬件支持,如预备实验报告所需纸张、录制设备等资源,全方位构建实践教学环境,使学生从思想上认识到实训项目的重要性,为后续工作的顺利开展奠定坚实基础。

(2)强化教师指导作用。在项目实施过程中,教师扮演着监督者、引导者、咨询者和协调者的多重角色,其介入程度随项目进程逐渐深化。首先体现为在项目选择阶段给予学生专业指导,其次是在项目执行阶段提供实时反馈和针对性辅导,帮助学生不断调整和完善学习路径。

(3)推动学生预习准备。鉴于成果展示是项目教学的核心环节,通常采取小组合作的形式,学生必须提前进行充分的课前预习。

2. 项目教学的成果展示阶段

（1）确立项目目标。在项目实施全过程中，应当有明确且具有挑战性的目标指引，让学生明确知晓他们需要解决的具体问题是什么，同时了解自己在团队中的职责和定位。正如建构主义理论所倡导的，明确的学习目标犹如航标，引导学生朝着期望的方向努力。只有当学习者清晰认识目标并与之产生内在关联时，学习才能取得成功。

（2）在商务英语教学中运用项目教学法时，尤其注重将语言艺术表达与科学规律相结合，体现了对复杂性思维范式的追求。教师不仅要关注外语教学的艺术表现，更要严格对待语言本身的规律特性，从单一传授技能的"技术型"教师转变为深度反思教学实践与研究的"研究型"教师。

三、交际教学法

语言教学可以理解为一种教育实践活动，教师在特定的教育理论或原则框架内引导学生通过解决问题来掌握语言技能。任何课堂教学活动实质上都是遵循某种教育理论脉络和原则架构运作的，其取得成效的关键在于恰当运用这些理论、采用与之相匹配的教学手段以及教师针对每个学生的个性化需求实施创新性教学策略的能力。

（一）交际教学法的核心理念及其主要特征

交际教学法，也称为功能-意念教学法或语义-意念教学法，是一种旨在同步提升语言能力和实际交际效能的教学模式，它的理论根基广泛汲取了社会语言学、心理语言学以及乔姆斯基提出的转换生成语法思想。交际教学法的核心亮点在于高度重视对学生实际交际能力的培养，成功克服了传统教学方法过于关注形式结构而忽略内容实践运用、过分集中于语言系统内部学习而非真实情境应用的局限，真正回归到语言作为交际工具的本质属性上来。

实际上，学习一门语言的最终目的就是达成有效的信息交流和思想感情表达。交际教学法的另一个显著特点是强调语言使用的得体性和情境适应性，即不仅要求学生精确掌握词汇、语法等语言系统的构成要素，更要求他们在不同场合恰如其分、精准地使用语言。这意味着学生除了学习语音、语法、词汇规则之外，还应深入理解语用规则及各类文化相关的词汇知识。交际教学法的重要倡导者之一，著名应用语言学家威多森提出，全面习得一门语言意味着既要建立稳固的词汇句法基础，也要能在真实的交际环境中灵活自如地运用语言。

（二）交际教学法在商务英语教学中的具体运用及影响

外语教学的根本任务是培养能够在多元文化背景中进行有效跨文化沟通的人才，这是外语教学的核心指导思想。当前社会对具有良好交际能力的外语人才的需求持续旺盛，交际教学法受到广泛的接纳和推崇。因此，交际教学法完全适用于指导商务英语教学实践。通过采用此种方法，能够有效促进学生在商务语境下实现语言技能和专业素养的同步提升。

1. 采取"双阶段并进法"

在组织与实施商务英语教学时，可以采取"双阶段并进法"。商务英语的核心特征是语言技能与商务专业知识的深度融合，这就要求教师在关注学生语言能力，包括听、说、读、写、译各项基本技能全面提升的同时，也必须重视传授扎实的商务理论知识和实践内容。鉴于交际教学法强调语言学习需兼顾语言系统性与实际运用，因此，在商务英语课堂实践中，可将教学过程划分为以下两个相互衔接的步骤。

首先，围绕商务基础知识展开，由教师主导进行系统的讲解。此阶段涵盖对核心商务理论、基础概念、专业术语以及行业特定词汇等详尽的解析和介绍，确保学生能够全面理解这些专业知识。在此过程中，教师扮演了关键角色，他们需以英语为教学语言，深入浅出地阐述专业知识内容。这就要求教师不仅精通英语，还需具备深厚的商务底蕴。

其次，在教学流程的第二阶段，重点转向以学生为活动主体，实施丰富多样的互动式课堂教学策略，如专题研讨会、案例深度剖析、模拟单据制作实践、商务谈判仿真演练、辩论赛和口笔译实战训练等。鉴于商务英语课程具有鲜明的应用性和操作性，开展多元化的课堂实践活动不仅至关重要，而且切实可行。在这一阶段中，教师需着力构建逼真的商务环境，确保各项技能的教学能够在贴近现实的商务情境中展开，从而实现学习效果的最大化。

这两个步骤相互关联且不可分割。第一步作为基础阶段，为第二步的实施提供了稳固的前提条件；而第二步是对第一步成果的深化与展现，是整个教学过程中的价值实现环节。"双阶段联动教学法"全面呼应了交际教学法对于语言教育的核心要求，并确保了语言技能与商务专业知识间的无缝对接与协同提升。

2. 着力探索商务基础知识及其独特的商务英语语言特性

交际教学法致力于同步提高学生的语言运用能力和实际交际效能，其中，掌握语音、语法及词汇的基本规则构成了有效交际能力的基础。因此，在遵循交际教学法理念的前提下，深入探究语言系统尤为重要。鉴于商务英语通常面向具备良好英语基础的高年级英语专业学生开设，无须过于详尽地讲解普通英语的语言知识点。但商务英语蕴含的独特语言属性使其区别于日常英语，成为教学中的关键点。教师在教授语言知识时，应当避免过度专注于一般英语的系统内容解析，而应将关注焦点转移到揭示商务英语特有的表达特点上，特别是针对那些容易混淆于普通英语的专业术语、行业用语、习惯表达以及缩略形式等，进行细致的对比解析，确保学生透彻理解并准确应用。

3. 强调培养并增强商业文化意识

交际教学法的一大显著优势在于它强调在不同情境中恰当地运用语言，这不仅需要学习者遵循语言本身的规则，更要求学习者理解和适应反映目标语文化的语用规则、交际风格以及文化相关的词汇使用。商务英语教育的目标在于培养能在国际商务环境中高效沟通的人才，因此必须高度重视文化因素在跨文化商务环境中的影响作用，尤其是各类商业文化的多样性和差异性。商业文化包括但不限于经营理念、管理模式、商业心理和价值观等多个维度。

（1）国际贸易谈判场景下，由于参与者个性特质、谈判策略、行为习惯和价值观的差异，商业文化冲突时常发生。实践中，许多涉外谈判人员可能无意识地依赖本土文化模式应对复杂情况。例如，中国商务人士在接待外国客商时常常递烟以示礼貌，但在一些禁烟文化浓厚的欧美国家，这种做法可能会引起不适。因此，商务专业人士需要跨越"文化参照"，主动适应并尊重他国文化，在商务谈判中深入了解对方的文化背景和个性特点，从而取得交流优势。

（2）在设计跨国商业广告时，面对全球各地消费者在需求、消费心理、审美倾向上的巨大差异，涉外商业广告的设计不得不考虑众多文化因素的影响。因此，异域商业文化的引入是商务英语教学不可或缺的部分。教师应当着重比较分析各国商业文化之间的差异，通过强化学生的商业文化意识，提升他们对文化差异的敏感度和适应能力。

4.加强学生语言技能与商务技能的整合训练

相较于传统教学法仅重视语言系统的理论学习而忽视实践运用，交际教学法则在注重语言系统学习的同时，格外强调语言的实际应用和对学生交际能力的培养。外语教学的核心任务即培养学生良好的交际能力，商务英语教学亦应以此为目标，通过采用多种多样的教学方法和技术，组织丰富多彩的课堂活动，全面提升学生的语言技能和商务技能。具体教学活动中，教师可依据教学内容选择合适的教学手段，引导学生进行商务语言技能的针对性训练。以下是一些常见的教学手段。

（1）课堂辩论。教师可以精心设计一系列源于真实世界的案例，如国际贸易中涉及货物质量、交货时间、运输方式、保险事项和付款条款等方面的争议，或是国际投资领域中围绕生产管理、营销策略、利润分配等问题引发的纠纷，要求学生运用所学知识分析问题并提出解决方案。在此过程中，通过讨论、协商、调解、仲裁和诉讼等多种解决途径，鼓励学生分析并辩论各种方案的合理性和公正性。此外，对于教材中存在争议的问题，尤其是理论层面的分歧，也可让学生自由发表意见，共同研讨。

（2）模拟商务洽谈。国际贸易与国际投资是国际商务活动的重要组成部分,而在这些活动中,商务洽谈必不可少。模拟洽谈既能锻炼学生的语言技能,也能提升其商务技能。教师应提前确定主题,如签订销售合同、合资经营、代理销售、技术转让或授权许可等,并将学生分成多个小组,分配角色扮演"买方代表""卖方代表""翻译""法律顾问"等。此环节也称为"角色扮演"。

(3)单证制作实训。单证制作是国际贸易实务中的重要环节,提单、信用证等单据在贸易中具有法定效力,商业发票、形式发票、订单、装箱单、品质证书、原产地证明、保险单和汇票等也各有其特定功能。单据不仅是交易双方权利义务的体现,也是仲裁或诉讼过程中的证据。因此,让学生亲手制作单据是商务英语课程重要的实践环节,有助于培养学生的商务操作技能。

(4)实地考察与实习。商务英语教学不应局限在教室之内,教师应积极创造条件安排学生参与现场观摩、实地考察和实习体验,如与企业、海关、商检局、港务局及银行等机构建立合作关系,组织学生前往参观、调研和实习。同时,鼓励学生参加各类贸易洽谈会、展览会,直接与外商面对面交流。通过亲身体验,无论在语言应用还是商务操作方面,学生都能获得深刻感受和实质性的提高。

综上所述,语言教学离不开科学的教学理论指导。实践表明,运用交际教学法能够有效提升课堂教学效果,激发课堂活力,培养学生的兴趣,增进师生间的互动交流,更重要的是能有力促进学生语言技能和商务技能的同步发展与巩固。因此,交际教学法目前已成为一种较为有效的指导商务英语教学的语言教学理论。

四、情境教学法

商务英语专业是一门深度融合商务知识与英语语言技能的专业学科,旨在培养具备扎实商务素养、职业技能和职业操守的实用型英语人才。该专业的教育宗旨是确保学生掌握全面的商务知识,并能运用到实际工作岗位中去。模拟真实的商务环境是检验学生理论储备的有效手段,也是促进其亲身体验与人际交往的重要方法。

（一）情境教学法的核心理念

自 20 世纪 70 年代引入中国教育体系以来，情境教学法得到了广泛的认可与应用。众多教育专家一致认同：情境教学法是一种在教学过程中，教师匠心独运地设计或创设具有情感色彩且以具象为主的生动情境，旨在激发学生的情感共鸣，增强他们对教材内容的深入理解，并进一步促进其心理机能全面发展的教学策略。

英国建构主义理论为情境教学法提供了坚实的理论基础。该理论主张以学习者为核心，视学习者为积极的知识构建主体和问题解决能手，而教师则扮演着引导、激励和协作学习进程的角色。语言教学的核心过程本质上是对语言交际能力的习得过程，语言教学最终目标是培养学生的高效沟通技巧。

情感与认知相互作用原理构成了情境教学法的心理学基石。直观认识原理作为情境教学法的哲学支撑，体现在其运用反映论原理，通过展示直接或间接的具体形象，让学生仿佛身临其境，从感知具体的实物过渡到抽象概念的理解，进而激发学习热情、引发学习兴趣，使学习活动成为自觉主动的行为表现。

（二）情境教学法的基本原理概要

1. 情感与认知互动原理

心理学研究表明，情感在认知活动中起到动力性、强化性和调节性的多重作用。动力功能意味着积极健康的情感可以驱动认知活动的进行，而消极不良的情绪可能导致认知发展的受阻。情境教学法则力求在课堂中调动学生积极的情感体验，鼓励他们积极参与学习，让学习过程富有积极性和趣味性。情感的认知强化功能为解决普遍存在的学习动机不足问题提供了新的视角。情感的调节功能说明适度愉快的情绪有利于智力操作的有效组织与实施，过于强烈、微弱或者负面的情绪可能会导致思维混乱及记忆困难。因此，情境教学所创设的情境应使学生感到轻松愉快、专注平静，有助于他们深化并有序开展心理活动。

2. 直观认识原理

从方法论的角度分析，情境教学遵循反映论原则，通过呈现客观事物如何影响人的主观意识来实施教学。现实世界是通过形象进入人类意识的，意识是对客观实际的反映。情境教学所营造的人工环境是在教师的语言引导下，让学生如同亲身经历一般，不仅影响他们的认知心理，还使学生的情感融入学习过程，唤醒其内在的学习驱动力。

值得注意的是，演示教学同样具备直观效果，但局限于实物展示或简单的示范行为，虽能引发理智反应，却无法像情境教学那样触动学生的热情，缺乏情感因素在学习中的积极作用。

3. 思维科学相似原理

相似原理揭示了不同事物间的共通性，成为情境教学法的又一理论依据。在情境教学实践中，模拟的内容应当与范例中的形象保持一致，并符合教学需求以及学生的已有知识经验。情境教学设置的丰富场景为学生提供了更多的感知对象，增强了大脑中相似块（知识单元）的积累，这既有助于灵感的产生，也有利于基于相似性思维能力的培养。

4. 有意识心理活动与无意识心理活动统一原理

人们认识到，有意识心理活动包含了有意知觉、记忆、注意、再认、回忆、想象、逻辑思维等一系列复杂的心理活动。然而，仅靠这些有意识的心理活动并不能独立完成认识世界、适应环境和改造自然的任务。情境教学法的重要目标之一就是诱发和利用无意识心理提供的认知潜能，使其与有意识心理活动相辅相成，共同推动学生的学习和发展进步。

（三）情境教学法的设计与实施核心原则

在商务英语课堂教学中，必须坚持"实践为主"的主导思想，精心设计贴近现实生活或真实商务场景的教学情境，向学生提供真实的语言输入材料，引导和支持他们深度学习和内化商务知识。观察发现，学生们往往容易受到生动情境的感染，从而激发表达和探索欲望。

1. 基于愉悦轻松及体验导向的原则

这一原则建立在认知活动具有体验性且个体行为效率与其心理状态紧密相关的理念之上。这要求教师在轻松愉快的教学氛围中引领学生形成各种问题意识，激活他们的思维活力与想象力，寻求答案，辨别是非。遵循这一原则的教学中，"探索过程"同"结果"同样重要，目的是让学生将思考和发现视为一种乐趣而非负担或强制任务。

2. 建立在师生互信互尊基础上的自主学习原则

这一原则强调两个关键点：一是良好的师生关系建设，二是对学生在教育过程中的主体地位的确立。和谐的师生关系是情境教学顺利运行的基础保障。教学本身就是特定情境下的互动交往过程，情境教学对此尤为重视。只有教师与学生之间建立起彼此信任、尊重的关系，教师能够清晰明了地教授学生，学生也能深刻领会教师的教学意图，双方形成默契配合，才能取得优质的教学成果。而强化学生的主体地位意味着教师鼓励学生"独立思考"和"自我评价"，培养他们的主动性与创新精神。

（四）商务英语采用情境教学法的重要性

随着中国经济持续增长，沿海地区中小企业蓬勃发展。全球化趋势促使这些企业增加对外交流与合作，从而对商务英语专业人才的需求逐年攀升。针对这一市场需求，许多高校设立了商务英语专业，致力于培养综合素质优秀的高级技术应用型专门人才，他们应具备卓越的人际沟通能力和团队协作精神，以及扎实的英语语言功底和出色的跨文化交际能力，熟悉商务法律法规，并掌握国际商务活动的基本理论知识和实务操作技能，能够在商务贸易、商务谈判以及企业管理等各种场合熟练自如地使用英语。

然而，在现实的教学实践中，我们常常会遇到这样的问题：教学方案与方法往往未能与就业市场及企业对人才的实际需求和职业技能标准紧密贴合。为了解决这一矛盾，教育者需要从宏观和微观两个层面进行改革和优化。在宏观层面上，应着力加强与市场的对接，深入调研行业动态和发展趋势，积极推动学校与企业的深度合作，以确保教育内容紧随社会经济发展的步伐，满足用人单位对毕业生专业技能和素养的期待。与此同时，在微观教学操作中，教师扮演着至关重要的角色。他们应当积极主动地在课堂上构建、模拟或重现真实的社会工作环境，通过岗前实训项目以及情境教学法，将理论知识与实践应用紧密结合，使学生能够在接近实际工作的环境中提升自身的专业技能和职业素养。因此，在商务英语等专业的教学过程中，情境教学法已然成为一种不可或缺的有效教学手段。

（五）情境教学法在商务英语课堂中的具体应用策略

情境教学法在商务英语课程中有以下几种具体实施方式。

（1）结合多媒体演示和实物展示，利用案例创设情境，助力学生理解和掌握知识点。通过多媒体等现代教学工具，教师可以生动直观地展现目标知识内容。借助视觉、听觉、口语表达等多元信息传递方式，学生能够自主提炼学习对象的规律、特征和本质，进而对其产生更为深刻的理解。

（2）创办模拟公司，让学生扮演岗位角色，亲身体验实际工作流程。在课程开始阶段，教师可将全班学生分成多个小组，每个小组约35人，各组分别扮演一家公司的员工，并讨论制定各自模拟公司的名称、经营范围以及每位学生的职务设定。在课堂上模拟商务情境，让各个"公司"进行交易磋商，包括询盘、发盘、还盘等环节；或者模拟展销会，推介自家公司或产品，撰写商业计划书；还可以进行贸易谈判，就各类贸易细节展开讨论。

（3）组织小组讨论，模拟商务实践活动。例如，教师可以模拟一个市场开发项目，由学生分组构思并提交具体实施方案，然后各组撰写可行性研究报告，最后进行成果展示。教师进行点评和总结。通过小组讨论的方式，学生能积极参与其中，既锻炼了他们的逻辑思维能力和语言表达技巧，又能让他们学会团队合作完成任务。

（六）情境教学法在商务英语课程中的挑战及应对策略

尽管运用情境教学法能够显著提升教学质量，但若不加以审慎和科学地实施，可能非但达不到理想的教育效果，反而容易导致课堂活动组织松散、秩序混乱，甚至使学生参与的活动偏离主题。因此，教师在运用此法时必须注重对方法的有效掌控与反思总结。以下将探讨在实际操作中如何解决可能出现的问题。

1. 精心策划并合理安排课堂实践活动

教师需明智而适度地运用多媒体工具、小组讨论、案例分析、角色扮演以及模拟公司运营等多种教学手法。由于课堂教学时间有限，若过度投入情境模拟活动，可能导致用于教师讲解要点、归纳总结及传授相关理论知识的时间不足，而这些知识对于学生理解和内化所学规律至关重要。因此，精心设计并合理结合各类教学手段是确保整个教学过程成功的关键。

2. 加强对教学流程的管理和调控

缺乏有效的课堂管理会导致学生活动消极、难以聚焦主题，或者产生畏难情绪。教师应深入理解教材内容，设计贴切的教学情境并选择合适的案例。同时，了解学生的语言水平和商务知识基础，以便适当地设置难度，避免部分学生因语言障碍等因素抵触学习。教师要合理规划时间，既要确保学生充分融入情境体验，也要重视理论提炼和指导环节。建议将一些预习任务，如背景资料的查阅等，作为课前作业布置给学生。

3. 强化对比与归纳总结

在教学过程中教师应当鼓励学生对真实情境与模拟情境进行深度对比和细致分析，以深化他们对两者差异的理解，并针对课程内容的重点、难点部分，进行系统性的梳理、解析和反复练习，从而强化学生对知识点的记忆和领悟。举例来说，在教授如何描述产品销售趋势变化这一主题时，教师可以充分利用情境教学法，将课堂环境创造性地转化为公司的销售部门场景，让学生扮演销售主管的角色，亲身体验相关工作流程。首先，教师可以通过展示一系列描绘趋势变化的动态图片，直观地呈现诸如上升、下降、保持平稳以及波动回升等动词的含义；其次，设计并组织互动性强的游戏环节，使学生通过实际操作和口头表述来熟练掌握精准表达变化程度的各种副词；再次，教师创设一个模拟的销售会议情境，要求学生在这个设定下，根据给定的产品销售数据，模拟向团队汇报产品的销售表现情况；最后，教师会对学生的模拟表现做出对比性和针对性的评价，引导他们在真实的商务沟通环境中，准确无误地运用语言来描述产品的销售趋势变化情况。这样的教学方式，不仅能够提升学生对于商务英语知识的实际应用能力，还能够有效培养他们的跨文化交际能力和问题解决技巧。

情境教学法植根于建构主义教育理念，体现了以学生为主体的教学思路，旨在提高学生的学习能力，激发他们的学习热情。此方法通过创建逼真的情境使学生不再停留在理想化的学习状态中，而是面对复杂的真实世界情境，从而促进他们在实践中提升各项职业技能，为未来职场环境做好适应准备。实证表明，在商务英语教学中采用情境教学法具有重要价值，它有助于深化学生对课文主旨的理解，促进新语言知识的获取，调动学生的学习积极性，并增强跨文化交际意识。

五、案例教学法

（一）案例教学法的内在本质

案例教学法又称案例研究教学法或案例分析教学法，起源于20世纪初哈佛大学的一项创新实践，其核心是围绕特定的教学目标，选取并提炼现实生活中的实际情境，将其转化为供学生深度探讨的典型教学案例。此方法倡导通过独立探究与集体讨论的方式，提升学生分析问题及解决问题的能力。

商务英语作为特殊用途英语的一个分支领域，其内容设计强调与特定情境下的交际需求相适应，分为普通商务英语和专门商务英语两大部分。前者涵盖了各类一般商务活动的基础知识，包括询价、定价、通关、合同编制、市场营销等；后者则针对更为专业化的商务行业，如金融英语、化工英语、法律英语等，具有更强的专业性和术语性。

我国于20世纪80年代开始引入案例教学法，并在工商管理、国际贸易、公共管理等多个实践性强、应用价值高的专业领域广泛运用，但在英语教育特别是商务英语教育方面则相对较少。鉴于商务英语教学内容与实践应用紧密相关，采用案例教学法具有显著的现实意义，即通过模拟真实的商务场景，引导学生自主思考和分析，使他们在掌握英语技能的同时熟悉不同商务环境，从而培养出具备跨学科素养的新型商务英语人才。

（二）案例教学法的独特优势

案例教学法以其具体生动的事例导入，引导学生积极参与，使学习过程更为活跃有趣，相较于传统的讲授式教学更易被学生接纳。该方法强调有针对性地运用理论解决实际问题，有助于深化对理论知识的理解，加快知识内化速度，使学生能迅速将在案例中学到的知识应用到类似的实际工作场景中。如何有效将案例教学法应用于商务英语教学呢？传统英语教学通常以教师讲解为主导，忽视了对学生主动性和参与性的培养，影响了学生的学习积极性和教学成效。而案例教学法在商务英语教学中的应用，则突出学生的主体地位。此方法通过组织学生收集材料、分析案例、开展小组讨论等方式，能够极大地调动学生的学习热情，有利于增强他们的独立思考能力和创新能力，特别是在提高口头表达、辩论技巧、团队协作精神以及面对挑战的信心等方面有明显作用。与其他英语教学方法相比，案例教学法在商务英语教学中表现出以下特点。

1. 高度仿真性

若案例源自真实生活和工作情境，那么通过案例教学，学生可从当事人的视角出发去审视问题、解决问题，具有明显的实战训练效果。

2. 促进广泛探索

要想深入研究学习案例，学生不仅要系统学习课程内容，还要积极利用网络、图书馆等各种渠道获取信息，组建课外学习小组进行研讨，这样能够极大地拓展教材范围，开阔学生的知识视野。

3. 助力个性发展

在案例教学过程中，学生通过分析案例并积极发言，得以充分展示个人见解，锻炼和塑造思维模式，提高解决问题、表达思想以及快速应变的能力，同时也推动形成以学生为中心的教育新模式，加强学生自主学习能力的发展,助力学生个性化成长。

4.教师角色转型

案例教学中,教师的角色也发生了深刻变化,转变为指导者、管理者、控制者、评价者、参与者、提示者和资源提供者的多元角色,其中指导者和管理者的角色相互交织,尤为重要。

(三) 案例教学法对于商务英语教学的重要性

随着全球经济一体化进程的加速推进,我国对既精通商务知识又能熟练使用英语的人才需求不断增加,众多高校纷纷设立了商务英语专业。然而,传统的商务英语课堂依然沿袭"语法+翻译"的教学路径,依旧是以教师为核心,采取灌输式的教学方式,难以激发学生的课堂兴趣,更缺乏情境互动元素。

案例教学法的核心在于运用源于实际商业环境的真实案例,激发学生的积极性,促使他们深度参与到课堂讨论中来,以培养和锻炼其分析复杂问题与找出解决方案的能力。相较于传统的单向传授知识的授课模式,案例教学法具备一系列独特的教育优势。首先,案例教学法突出强调对学生能力素质的全面培育,而不仅仅是理论知识的灌输;其次,所选用的案例均来源于真实世界,具有极高的真实性,能够帮助学生直面现实中的商业挑战;再次,这种教学方法始终坚持维护案例情境本身的客观性,避免主观臆断,力求模拟真实决策情境;同时,它格外注重全员的主动参与和互动交流,鼓励每一位学生发表见解、碰撞思想;此外,案例教学法不追求单一答案,而是倡导多元化的解答视角以及寻求最优解的过程。

(四) 案例教学法在商务英语教学中的实施步骤

在商务英语教育中运用案例教学法时,通常涉及以下四个关键环节。

1.案例材料的筹备与问题设定

选取恰当的案例对于教学效果至关重要。理想状况下,案例应直接反映现实商务环境中企业的实际问题,并随着实时信息更新以保持鲜活度。通过处理这类动态案例,学生能够紧密跟踪企业的真实行动、环境变化以及相关变量，从而获得更好的学习体验。然而，受限于资源条件，许多教师可能选择静态案例，其优点在于可控性强且易于设定完成任务的时间限制。

在提供案例素材的同时，教师还需精心设计一系列与之关联的问题，确保这些问题既与相关的商务理论知识相联系，又兼顾学生的语言技能和现有知识水平。

2. 案例探讨与分析阶段

不同于传统的授课模式，在采用案例教学法的课堂上，教师的角色从知识传授者转变为引导者。学生分组阅读案例后，用英语进行小组内部讨论。教师在此期间要确保每位学生积极参与其中，鼓励他们表达个人见解，并提出具有讨论价值的问题。小组得出结论后，选出代表向全班展示本组观点。

3. 案例总结与反馈阶段

在案例分析与讨论环节告一段落后，教师需要对整个探讨过程进行深度总结和精要点评。这一总结并不是直接给出问题的固定答案，因为许多商业案例中的问题往往具有开放性和多元性，并无绝对的标准解决方案。相反，教师应重点提炼出讨论过程中学生们的思考路径、所关注的关键点、解决问题的核心策略，以及他们将理论知识灵活运用到实际案例中的具体表现。

4. 撰写案例研究报告阶段

完成案例总结与反馈后，进入教学流程的下一个重要阶段——撰写案例研究报告。当小组或全体讨论结束后，教师通常会要求学生以英文形式对案例内容进行全面而系统的梳理与分析。一份优质的案例报告实质上是一种微型学术论文，不仅有助于锻炼学生的书面表达技巧，也能为他们将来撰写毕业论文以及其他学术写作奠定坚实的基础。在这个阶段，教师应当明确指出案例报告的格式规范要求、文体风格标准等细节，并对学生提交的报告进行细致批阅与指导，帮助他们不断改进和完善。

（五）商务英语教学中应用案例教学法应注意的问题

1. 整合教材内容与案例学习

案例教学法主张通过实际案例深化商务英语教学，但这并不意味着完全摒弃教材而只关注案例材料，学生应在掌握教材中涵盖的商务专业知识、基本概念和理论基础上再进行案例学习。案例应作为教材的有力补充，紧密结合课本的语言和专业内容。只有在学生具备一定理论背景的情况下，案例教学法才能充分发挥作用。

2. 与其他教学方法的协调融合

虽然案例教学法在商务英语教学领域已展现出显著的教学效果，但这并不意味着案例教学法是唯一有效的教学途径。理想的商务英语教学应当灵活地融合交际教学法、传统的讲授法以及案例教学法等多种教学手段，使它们相互补充、相得益彰。商务英语教育的核心特色在于语言技能与专业商务知识的紧密结合，因此，教学不仅要提升学生的语言运用能力，也要培养他们的专业知识应用能力。

3. 提升商务英语教师的专业素养

商务英语教师在案例教学过程中扮演的角色至关重要，他们是决定教学成功与否的关键人物。教师应确保选择的案例具有针对性和时效性，能够反映真实社会经济环境下的热点问题，并在组织案例讨论的过程中做到适时、适度地引导。既要防止讨论偏离主题，又不能过度干预讨论进程，需保持恰到好处的启发和指导力度。

总结来说，案例教学法之所以能在商务英语教学中发挥重要作用，归根结底是它契合了商务英语课程的本质特征及其特定的教学需求。经过商务英语教学实践的检验，案例教学法已经证明了其在提高教学质量上的有效性、可行性和实用性。多种教学方法的有效整合使得商务英语教学产生了积极的协同效应，极大地提升了教学成果的质量。此外，案例教学中的情境模拟、角色扮演等活动有助于全面提升学生的认知水平。尽管案例教学在商务英语教学领域的应用尚处于发展阶段，面临一些待解决的问题，但通过不断探索、反思和完善，无疑将取得更优的教学效果。同时值得注意的是，尽管案例教学法具有先进的教学理念，但它并非适用于所有情况的万能解决方案。在实际教学实践中，教师应根据具体教学内容和学生特点，灵活运用各种教学方法，共同作用以实现最佳的教学效果。

第二节 商务英语教学课程体系构建

商务英语课程体系的形成是英语语言教育顺应时代潮流和经济全球化进程的必然产物。过去20多年间，在我国高等教育领域，商务英语已由最初仅作为个别独立课程的存在，逐渐演变成为一个完整的学科体系。鉴于当前全球贸易一体化的时代背景以及我国在全球舞台上所面临的广泛合作与竞争挑战，强化商务英语课程体系的构建显得尤为迫切且必要。本章节着重探讨了我国高校商务英语教学课程体系的现况、组成要素、设计原则及其理论依据等多个维度。

一、商务英语教学课程体系的建设现状

（一）缺乏实践环节

对商务英语这样一门从经济发展实践中衍生出的实用型课程来说，理论型教学模式和课程安排无法达到预期目的。从对高校和社会教学的对比分析来看，高校教学偏重理论，社会教学偏重实践。之所以出现这种差别，主要可以归结于两个方面。

1. 师资水平

由于高校教师除了教学以外还要从事一定的科研工作，具备较高的理论素质，因而高校内的商务英语教学基本上偏重理论教育；而社会培训机

构的教师大多是将基本的理论知识结合自身的实践经验,因此必然会注重实际工作经验的传递,尤其能满足职业发展的需要,但是这种实践性的理论基础不够扎实,实践经验的知识体系不够系统和完整。因此,目前高校的师资资源的特点就决定了高校教学很难达到商务英语中"实践"的要求。

2. 教学效果的评判标准

众所周知,目前对学生学习效果和教师教学效果的评价大多数还是以书面成绩为主,很少以学生对商务英语的掌握和运用程度为评价标准。传统的评价模式具有简单、明了的特点,能够对学生的理论知识掌握程度有较好的追踪和判断,且具有一定的说服力,能够减少争议。事实上,这种评价模式对大多数的基础学科非常合适和有效,但是对于商务英语这类处在时代发展前沿的复合型、实用型学科来说,存在一定的问题。

(二) 核心课程不突出

当前,众多高校的商务英语专业普遍存在着核心课程界定不清的问题,表现为该专业的课程设置往往是对英语专业课程与零散商务类课程(如国际贸易、企业管理及经济学等)的简单叠加,导致难以形成鲜明的专业核心。毕业生在实际就业中不具备独特而全面的职业能力,无法有效发挥自身的竞争优势。例如,在外贸领域的工作中,尽管商务英语专业的学生可以胜任,但国贸专业的学生同样具备这样的能力;然而当面临更高专业要求的任务时,后者可能因其专业知识深度而更具优势,而前者则可能会感到力不从心。

目前,商务知识课程与语言知识课程的比例结构失衡明显,商务课程不仅开设时间有限,还缺乏连贯性。部分学校的商务课程仅安排一个学期的教学,内容宽泛且目标方向模糊,针对性不足。此外,过多偏向学术理论性的课程设置,相对较少关注职业导向型教育,造成商务知识与英语技能的融合深度不够,商务理论和实践技能培训未能紧密结合。这些现象综合起来,致使商务英语专业毕业的学生在职场上难以彰显特色优势,甚至在某些商务岗位上,他们虽然能够完成基本任务,但在与国际贸易或电子商务等专业背景的毕业生竞争时,可能因缺乏更深层次的专业素养而不具备足够的竞争力。核心课程体系的缺失是导致学生核心职业技能培养不足的关键因素。

(三)专业课程设置不全面

首先,商务英语学科的课程类型设置、性质划分和学时安排不尽合理。其次,课程的设置在整体上缺乏科学而严谨的规划,部分科目的设置顺序颠倒,各课程之间无紧密的关联性和承启性。

(四)课程设置与学生需求不符

商务英语是一门发展的课程,要能与时代发展保持一致的态势,而现在商务英语学科中有些课程已经远远不能满足学生的学习需求。商务英语课程的时效性问题,一方面是由于课程没有进行及时调整,有些课程已经不能适应当今国际商务的发展状况,而一些亟须开设的课程则没有开设,造成学生的知识和技能储备不能满足社会的要求。另一方面,某些高校即使开设了商务英语相关的课程,但是在师资配备和教材储备方面仍存在很多不足。例如,教师水平不足或者综合素质尚未达到既定要求,或者教师根据个人的兴趣爱好或个人对培养目标的理解来设计课程。学校语言教师注重的往往是英语,是语言知识,而学生注重的是专业业务知识和技能。

(五)商务英语教材编写与实际应用场景存在脱节现象

当前市面上的商务英语教材大致可以划分为两大类别,一类是由国内出版社直接从国外引进并原版影印的经济学、金融学以及 MBA 领域的英文教材。这类教材通常源自国际知名学术机构或权威专家,内容涵盖了广泛的商务领域专业知识,但其内容往往基于西方商业环境和文化背景,可能在一定程度上忽视了中国本土市场的特殊性和国情特点,从而导致教材内容与中国实际的商务实践之间存在一定的脱节。

另一类则是由国内学者根据原版教材进行改编或独立编写的商务英语教材。这些教材在设计时会考虑到中国学生的学习需求和商务实践情境,旨在提供更加贴近中国社会经济现状的教学内容。然而，在实际操作中，由于商务环境的快速变化、国际商务规则的更新迭代以及跨文化交流复杂性的增加，部分自编教材可能存在滞后于市场发展步伐的问题，未能充分反映最新的商务实践动态和现实案例，这同样会导致教材内容与真实商务应用场景之间产生某种程度的脱节。商务英语没有统编教材和明确的课程大纲，教师自编的讲义往往缺乏系统性，导致培训专业不对口、不切合实际，各门课程之间无法统一，就更谈不上相互配合，因此也就无法做到各课程之间相辅相成、相互促进。

商务英语是一门发展中的学科，它的知识体系随着社会的发展而发展，很多知识和技能会随时被取代甚至消失。自从20世纪90年代初英国剑桥大学出版社进入中国商务英语教材市场以来，BEC（Business English Certificate）初、中、高级考试及培训类教材越来越火爆。BEC考试以其科学性、客观性、权威性和时代感而得到世界各国的广泛赞同和接受，是商务工作人员或英语学习者英语水平的验证，对即将进入就业领域的在校学生来说它更是就业、求职的重要砝码。这种时效性正是诸多考生和企业所认同的价值所在。

二、商务英语教学课程体系的构成要素

（一）对课程的理解

"课程"这一词汇在中国的最早记载可追溯至唐宋时期。唐朝孔颖达在注解《诗经》中"奕奕寝庙，君子作之"一句时提出："维护学制规范，必须由品德高尚者监督实施，方能依循法制进行。"然而当时"课程"的概念与今日所用含义相去甚远。到了宋代，朱熹在其著作《朱子全书·论学》多次提及"课程"，如"宽限时间，紧凑安排学习进程"以及"设定小的学习阶段，投入大力气研习"。尽管他未对"课程"做出严格定义，但其内涵显然指向学生功课及其进展顺序，仅仅涉及学习内容的组织和规划，并不包含教学方法的要求，因此，"学程"一词更能准确描述那时的课程理念。

随着历史的发展，近代教育体系引入班级授课制度及赫尔巴特学派的"五段教学法"，人们开始重视教学过程的设计与步骤，从而促使"课程"的概念从单纯强调"学程"逐渐演变为涵盖"教程"之意。而在中华人民共和国成立后，特别是在20世纪80年代中期以前，在凯洛夫教育理论影响下，"课程"一词在文献中的使用并不频繁。

关于课程的本质认识，有以下三种主要观点。

1. 教材即课程载体与内容体现

在传统的教育观念中，课程体系被视为知识传授的核心机制，并以教材为依托进行系统化的知识传播。人们普遍将课程内容的本质等同于实际教学过程中所使用的教材，这一理念是以学科知识结构为核心构建的，认为课程实质上就是学生应当掌握的知识集合，而这些知识的主要承载工具即各类教材。

2. 课程即动态生成的过程与互动体验

一种进步的教学观倾向于将课程视为一个生动活泼、不断演变的活动或进程。这种视角摒弃了静态预设和机械执行的传统观念，主张课程应是个体通过生活经验不断改造与创造的认知旅程。在这种模式下，课程不再仅仅是灌输固定知识的媒介，而是师生共同参与新知探索的交互平台；课程设计不再是一成不变的蓝图，而需具备适应性与灵活性，以便更好地适应个体差异与时代需求；课程也不再扮演着僵化控制教与学行为的角色，而是搭建起连接个体与学习世界的桥梁，助力师生共同寻求意义、价值以及实现自我解放的空间；课程已不再局限于刻板的文本资料，而是在教育现场鲜活上演的一系列共创事件，形成一个开放、流动且充满生命活力的学习体验过程。这一转变对教师的专业素养及创新能力提出了更高的要求，在实践中必须警惕活动流于形式或者过于侧重过程，导致教学效率降低。

3. 课程即个性化学习经历建构

泰勒博士从另一个维度诠释了课程，视课程为学生与外部环境相互作用而形成的个性化学习经历。他认为教育的根本途径在于提供丰富多样的学习体验，而非单纯地向学生展示事物本身。这一理论突出了学生的主体地位，倡导学生主动投身于学习活动中，强调个人的学习成效并不完全取决于课程内容本身，而更多地依赖于学生与外部世界有效互动的质量与深度。教师在此中转变为设计和营造符合学生能力水平和兴趣点的情境的角色，确保每个学生都能获得具有深远意义的个性化学习经历。

回顾课程发展的历史，课程概念的内涵一直在教师、学生、知识经验间摇摆，不同时代的价值要求决定了孰轻孰重。新人类教育以生存教育为主题，将教师的引导与启发以及学生探索活动而形成的知识经验有机结合在一起，使人类文化在发现中继承、在发现中创新，是课程历史文化的继承，更是课程历史文化的超越。

（二）课程的分类

课程的类型是指教育系统中课程组织架构和设计的不同模式，主要可以细分为以下几大类别。

1. 学科课程与经验课程

学科课程体系，也被称作学术型课程模式，其核心理念在于围绕各个独立学科构建教育架构。这种课程设计理念主张将各类科学知识领域作为划分依据，从各门学科中精心挑选与学生学习需求和教学目标相契合的教学内容，并据此进行分科化、系统化的课程编排与教学活动设计。自20世纪60年代以来，在国际教育理论界，学科课程理论孕育了多种重要学派。其中，美国心理学家杰罗姆·布鲁纳提出的结构主义课程论强调对学科内部结构的深入剖析，倡导以学科基本结构为教学重点，认为通过教授学科的核心概念框架，能够有效帮助学生构建稳定的知识网络；德国教育学者卡尔·瓦根舍因则以其范例教学法贡献于这一领域，他提倡选取具有典型性和代表性的事例作为教学素材，引导学生掌握一般原理并学会运用这些原理解决实际问题；与此同时，苏联教育学家及心理学专家列夫·维果茨基和随后的赞科夫提出了发展主义课程理论，该理论注重根据学生的心理发展水平和潜力，设置适切的学习任务，鼓励通过"最近发展区"的挑战来促进学生的全面发展和能力提升。这三大课程理论流派以及其他相关研究共同构成了学科课程理论在国际上的多元格局，并在全球范围内对教育实践产生了深远的影响。

2. 核心课程与外围课程

由于学生在校学习时间和资源有限，不可能将所有学科囊括于学校课程体系之内。因此，必然引发对教育内容核心本质的探讨：究竟哪些是所有学生都应掌握的基本知识？美国知名课程理论家泰勒为解决这一问题曾提出，学校课程架构应设想为两个主要部分——核心课程与外围课程。

核心课程是对分科课程理念的一种反思和反向操作，它不采用将各门学科独立分割的做法，而是从众多学科中精选若干关键领域，将其融合形成一个广泛而综合的学习领域，并规定每位学生必须修读，同时力求使其他学科与此相互衔接、协同教学。核心课程有两个显著特征：一是学科间的高度整合，形成"核心"；二是要求全体学生共同掌握，具有普遍性。

外围课程则是针对不同个体差异而设计的补充课程，区别于面向全体学生的核心课程。外围课程以学生的个性化需求为导向，随着环境变化、时代变迁以及其他个体差异因素而灵活调整。核心课程与外围课程的关系如同一般与特殊、抽象与具体之间的辩证统一，互为补充。

3. 显性课程与隐性课程

显性课程（也称正规课程）是指在学校情境中明确规划并直接传授给学生的课程内容，通常基于国家或地方教育部门制定的教学计划和大纲实施。显性课程最突出的特点在于其计划性和预见性，这是区分显性课程与隐性课程的关键标志。隐性课程则涵盖了除显性课程之外的一切对学生发展有益的教育资源、环境以及文化熏陶等要素，是学生在学习环境中无意识习得的知识、价值观、规范及态度。它亦可称为隐蔽课程、潜在课程、非正式课程、未研究课程或未预期课程。隐性课程是在学校情境下通过间接方式传递且不易察觉的课程内容，具有非预期性、潜藏性、多样性及难以觉察的特点，是学术与非学术内容的交织体。

4. 国家课程、地方课程与学校课程

从课程开发主体角度出发，课程可分为国家课程、地方课程和学校课程三类。国家课程是由中央政府编制、执行和评价的自上而下的课程体系，体现了国家层面对人才培养的基本要求，具有普遍适用性、强制性和权威性。地方课程位于国家课程和学校课程之间，是由省级或直辖市教育行政机构根据地区特点自主编制的二级课程。学校课程则是学校在实施国家课程和地方课程的基础上，依据本校学生实际需要评估、利用本地资源，由学校教师团队共同编制、实施和评价的多样化的选修课程。

5. 基础型课程、拓展型课程和研究型课程

按照课程任务的不同，课程还可划分为基础型课程、拓展型课程和研究型课程。基础型课程致力于培养学生的根本学习能力，尤其是读、写、算的基础素养，在中小学阶段占据主导地位。拓展型课程旨在拓宽学生的知识面，提升各项特长技能，并促进跨领域的迁移应用。研究型课程着重改变学生的学习模式，强调学生的主动参与和探究精神，培养学生从多种途径搜集信息、分析整理资料的能力，使其体验科研过程，并能准确表达个人观点。

（三）课程体系建设研究

课程体系的建构是指在特定教育理念的指引下，对课程各组成要素进行有计划、有序列的整合与组织，确保整个课程系统在动态演进中始终保持一致性，以期达到预设的整体课程目标。换言之，一个专业内部各门课程之间的有机联系和协同作用共同构成了该专业的课程体系。这一课程体系在高等教育机构中扮演着至关重要的角色，它是培养高素质人才的核心载体，并且是将抽象的教育思想和观念转化为具体教学实践的关键纽带。

高校设定的人才培养目标旨在对受教育者在知识结构、技能水平以及综合素质等方面设定理想的标准。而课程体系作为实现这些发展目标的重要途径，其设计的科学性和合理性将在很大程度上影响到受教育者所能达到的理想成就程度。因此，构建合理的课程体系对于保障人才培养的质量

至关重要，可以说是大学教育的基石所在。

目前国内各高校，无论是研究型还是教学型，无论是师范类、综合类还是艺术类，其专业课程体系的结构类型，大致都是基础课与选修课的二级制结构模式，即在开设一系列专业基础课的基础上，再开设一系列专业选修课。

三、商务英语教学课程体系的构建原则

对于商务英语专业的课程设置，除了分析课程设置现状和依据外，还要对商务英语课程设置原则进行分析，从而更加深入地分析如何设置商务英语课程。课程设置的依据主要是课程设置的出发点、落脚点和参照标准。相对地，课程设置的原则是在课程设置的原理下遵循的标准和框架。

专门用途英语课程设置原则的研究阐明了专门用途英语课程的目的性、选择合理教材、以学生为中心以及如何对待互联网等多媒体教学手段的重要性，论证了为什么要从以上四个方面出发来设置专门用途英语的课程。同样，对从属于专门用途英语的商务英语，也应该按照上述原则来设置具体的课程体系。商务英语在课程设置上应遵循以下几项原则。

（一）理论和应用并重

商务英语是一门理论与实践紧密结合的学科，其理论深度与应用广度相得益彰。从理论研究的角度出发，商务英语的重要任务是揭示商务英语的发展规律及其内在学科特性。鉴于商务英语作为一个高度综合的功能性语体体系，它涵盖了众多细分领域，如商业、贸易、财经、会计、金融以及法律等领域的专用英语；依据交流情境的不同，可以细分为邀请函电、询盘回复、报价单据、还价策略、谈判话语、投诉信件和索赔文件等各种功能次语体；而随着沟通方式的变化，则可进一步划分为电话交谈、传真通信、书信往来、电子邮件等多种形式的次语体。

运用应用文体学的研究手段，能够对商务英语及物性结构、语气构造、主位结构和词汇搭配等特征进行量化探索，从而科学地提炼出商务英语在语义层次、词汇语法结构层面的显著特点，这区别于仅依赖传统直观

感觉分析得出的结果,体现的是定量分析与定性分析之间的差异。

商务英语课程的设置原则,大体上要遵循理论研究和应用研究的发展需要,根据理论和应用的研究可以确认要开设的课程,确定相对应的课程范畴和标准,从而再确定与课程相关的教学材料、教学手段和教学方法等。所以,无论是在何种状况下,要对商务英语课程进行设置,必须考虑到商务英语理论和应用并重的特点。按照马克思主义的基本观点,实践是理论的源泉,也是检验理论正确与否的唯一标准,而理论也能反作用于具体实践。科学、合理的理论能够推进实践的发展,而不科学、不合理的理论则会对实践发展造成一定的负面影响。因此在设置商务英语课程时,除了要设置理论和应用的课程,更重要的是安排理论课程和实践课程,以及这两者之间的权重关系。

(二) 时效性、前瞻性

课程设置受制于生产力的发展水平,生产力越发达,对劳动者的素质要求越高。国际商务英语作为一门与社会经济生产紧密相关的高校课程,也应该顺应高等教育课程现代化的国际潮流,形成鲜明的时代特色。商务英语是一门与社会经济发展紧密相连的学科,适应社会发展需要是商务英语课程设置的最基本要求。时效性是指信息的新旧程度、行情的最新动态和进展。例如新闻节目,今天听是新闻,明天听就是旧闻。决策的时效性很大程度上制约着决策的客观效果。

毋庸置疑,吸取西方发达国家的先进经验一定要结合自身的实际情况,将国外的先进经验纳入我国的实际发展背景中,实现"中国化"。正如马克思主义从西方国家传递到我国,也必须经历一系列与我国实际国情相结合的"中国化"过程,形成有中国特色的社会主义理论,才能指导我国的社会主义建设。若是全盘吸收,完全照抄其理论,恐怕很难取得成功。因此教材编写要适应我国使用者的情况。目前,从国外引进了许多类型的被称作商务英语的教材。这些教材假设了一个通用的商务模式,以西欧和北美的商业文化为背景,但其中的商务活动和业务未必为中国的学习者所需要。因此,有必要对这些国外教材进行改编,或重新编写适合中国学习者的商务英语教材。课程设置的"全盘西化"问题，不仅教材有这方面的问题，在具体课程、教学方法上也均存在此类问题。总之，在研究商务英语课程的时效性时，必须研究其在我国环境下所进行的商务英语教学和科研活动，要能结合现状反映我国的特色，能够将中西方文化进行有效结合。

前瞻性原则在我国商务英语课程设计中占据显著地位。所谓前瞻性研究，即预先设定研究目标与方案，并据此对选定的研究对象进行有计划的追踪观测和深入分析。在此过程中，研究者持续关注并评估受试者的发展情况，不论结果是否符合预期，在既定研究时段结束时，均将所有纳入研究范围的案例统计在内（这一阶段强调全面性而非仅选取有效案例）。最终，通过对数据的系统计算，识别出对未来影响深远的关键变量，并针对这些因素进一步开展深度探究，这就是前瞻性研究的核心所在。该方法强调对研究对象的关联性、影响力及其发展潜力的敏锐洞察，以及对研究对象潜在本质的挖掘。尤其是在科技进步日新月异的时代背景下，准确把握具有前瞻价值的对象至关重要。在研究过程中，学者们通过深化对研究对象动态变化的理解，往往能够提炼出新的理论见解，并借此构建起新的知识体系。

（三）层次性

关于课程设置的层次性特征，通过应用知识维度理论来分析对外经济贸易大学、广东外语外贸大学以及上海对外贸易学院这三所高校在课程设计上的特点，我们可以看到它们在不同知识层级的教学内容分配上存在显著差异。

从层次性的角度看，商务英语课程体系还应融入人文素养教育，富含中国元素的内容也应当被整合进商务英语课程之中。中华文化源远流长，不仅深深塑造着一代代华夏儿女，也在全球范围内得到了广泛的接受与认同——北京奥运会精彩展示了中华文明几千年的辉煌成就，引发了全球"汉语热"的浪潮；孔子学院在全球设立、"汉语桥"活动的举办以及各类汉语水平测试的兴起，无一不印证了这一点。对于学习外语并且可能从事涉外工作的学生来说,了解本国文化尤为重要,因此教师应当引导并帮助学生做到"知彼知己"。

四、商务英语教学课程体系的构建依据

随着社会的不断进步,语言也随之演变。作为英语的一种应用分支,商务英语的产生和发展深受社会历史背景的影响。二战后全球经济的飞速增长带来了国际交流的空前活跃。这种新的社会发展趋势,迫切需要一种国际化的语言来表达和连接全世界在科技与经济进步中的思想和行为,以促进学术对话和研究成果的传播。

尽管我国商务英语发展速度快并取得了一些成果,但其系统性仍有待加强。目前,商务英语领域最紧迫的任务是完善基础课程体系,最大化地发挥其在培育具有国际视野的优秀人才中的作用,并培养出更多适应社会发展需求且具有竞争力的人才。因此,商务英语课程体系的建设是否完备、科学、合理,将直接影响我国高端人才培养的效果。

在探讨如何构建商务英语课程体系之前,我们需要对课程体系的建设进行详细而具体的分析。商务英语课程体系建设的重要性不仅在于它服务于商务英语专业的学生,还涉及其他专业的学生,如许多非商务英语专业的在校学生也在学习国际商务英语。

从对商务英语的定义来看,明确其具体包含的内容是相当困难的,因为商务英语所覆盖的领域本身在不断变化。虽然难以具体描述商务英语的内容,但其基本范畴是可以确定的。虽然不同高校对商务英语的理解各不相同,课程设置也不尽相同,但要明确商务英语应该包括哪些课程以及这些课程之间如何平衡,我们必须从学科的本质出发,以学科对社会和高等教育的积极影响为课程设计的依据,形成一个以商务英语为起点并最终回归商务英语的发展逻辑,使课程设计更加科学和合理。

从专门用途英语这个角度出发来分析商务英语的设置原理,具有覆盖范围广的优点,但是考虑到商务英语有突出、明显的自身特点,因此可以直接从商务英语的角度出发来分析。有学者在对商务英语课程体系设置依

据的分析中提出：①以需求分析为依据。"需求分析"是 ESP 一个重要概念，是 ESP 课程设置的基础阶段。②以专业协会与团体意见为依据。鲍文对此特别强调"商务英语是一门应用性更强、与社会经济发展更紧密相连的学科。因此，专业协会性质的组织和体制对国际商务英语学科具有更为重要的意义"。

笔者认为，应当从整体出发研究商务英语的课程设置依据，从而加强商务英语课程体系的系统性。从当前的学科形势和对未来发展趋势的展望看，商务英语课程体系建设的依据还要包括以下两个方面：①要以政府部门的发展规划为商务英语课程设置依据的出发点；②要以提高学生综合素质为商务英语课程设置依据的落脚点。

在商务英语学生的综合素质构建中，理论知识与专业技能仅仅是构成其基础素养的两个基本要素。所谓素质，并非抽象的名词概念。它涵盖了个体丰富多元的心理特性，如观察力、注意力集中度、语言运用能力、记忆力、想象力、思维逻辑性以及创新能力等内在心理功能，同时整合了专业知识体系和实际操作技巧。其中，专业知识和特定技能是各个工作岗位对人才的基本要求。大学教育因其专业化属性，理应将学生专业素质的培养置于核心地位。人的创新活动与专业素质紧密相连，并且往往在专业实践活动中得到体现。没有扎实的专业素质作为基石，又如何能够具备高效的专业操作能力和创新思维呢？

人才培养的目标应当紧贴社会需求，不同行业领域对于复合型人才的具体要求有所差异。以国际商务领域为例，尽管熟练掌握英语知识和技能是必备条件，但更为关键的是具备系统的商业知识结构和实践技能。在谈论复合型人才时，我们不能忽视其专业素质的重要性，若缺乏某一领域的专长，则可能削弱个人在竞争中的优势地位。在重视提升学生专业素质的同时，我们并不排斥其他方面的全面发展。例如，在必修的专业课程之外，学校通常会提供丰富的选修课程供学生选择，这些课程有助于学生在多方面提升自身的综合素养。

因此，出于提高商务英语学生文化素质的目的，除了要设置更多西方文化课程特别是商科专业的西方文化课程，还要继续加强对中国传统文化课程的学习，包括中国传统风俗、历史文化、地理以及旅游等。只有这样，才能"打通"东西方文化，最大化地发挥商务英语知识和技能的作用。

第四章 互联网时代商务英语口语与翻译教学

第一节 互联网时代商务英语口语教学

在语言学习的四项核心技能——阅读、写作、听力和口语中，口语能力对于商务英语来说至关重要。对大多数学生而言，口语技巧被看作是衡量语言掌握程度的最重要标准。然而，在商务英语的教学与研究中，口语部分常常被边缘化，缺乏足够的关注和深入探究。特别是商务英语口语的教学，它是一个有待进一步研究的领域。

一、商务英语口语的特点

在商务英语教学中，口语的流畅性尤其重要。口语表现就是执行效率，这是商务英语的重点和特点。

（一）商务英语口语的界定

很多商务英语口语都是在"社交"的标题下进行的。良好的商业关系取决于可信度、理解、善意和信任。商业对话，在某种程度上，可以体现这些关键的特征。

在探讨学术英语（EAP）中的口语技能时，杜德利-埃文斯（Dudley-Evans）和约翰（John）用"口语互动"来解释"听"和"说"被运用的情况。在埃利斯（Ellis）和约翰逊（Johnson）提供的学习者基本语言技能清单中，"互动"指的是面试、谈判、打电话等，而"说话"包括正式/非正式的介绍，指导或演示工作，给予描述和解释。他们把说话的概念限制在一个人主导谈话的场合。这里讨论的口语活动包括所有涉及发言的活动，无论参与者是否担任双重角色。

（二）商务英语口语的类型

根据参与人数的多少，商务英语口语可分为三类。

一是独白。独白是指用商务英语进行口头陈述。

二是一对一口语互动。一对一口语互动是指只有两个人参与的口语对话。在许多情况下，即使有两个以上的人，说话也是围绕着对话进行的。一对一口语互动包括电话交谈，不包括电话会议。

三是多人口语互动。由几个参与者举行的会议是典型的多人口语互动。

（三）商务英语口语的特点

根据我国英语教学大纲，英语口语教学应该达到以下目标：①学习者应能自然地阅读。②学习者应能灵活、正确地使用基本词汇进行交流。③学习者应能正确地综合运用语法知识。④学习者应能用英语表达给定的话题。⑤学习者应能在特定情况下进行适当的交流。更详细地说，学习者要关注语言知识、语言使用知识、语言和文化等。换句话说，就是让学生能够与他人自由交流，理解他人希望进行交流的内容，并能够向他人传达自己希望分享的内容。

商务英语口语既具有一般英语口语的特点，也兼有其自身的特点。我们知道，说话是通过使用一种语言来表达自己或进行口头交流的行为。它与语言教学的目标——交际能力有关，并具有以下特点：①英语口语包括"听"和"说"。前者是理解英语的过程，通过其理解掌握英语；而后者是使用英语口头表达思想的过程，通过综合运用英语掌握英语。②口语能力是指个体在表达思想时，能够自发运用词汇、遵循语法规则，并通过适宜的节奏和语调，以准确无误的发音进行口头交流的过程。③说话在一定程度上受到时间因素的限制。④说话受到互动的影响。

(四) 商务英语口语的重要性

通常，听、说、读、写被看作是语言运用的四项基础能力。其中，说和写被称作产出性技能，而听和读则被认为是接受性技能。这些技能进一步细分为子技能，即语言使用者为了有效掌握每一项技能所必须培养的具体行为模式。例如，学习者在提升阅读技能时需要练习扫读和略读等子技能。这四项核心技能之间存在紧密联系，提高任一技能往往能够促进其他技能的进步。然而，对商务学习者而言，这些技能的重要性并不相同。

此外，一些研究已经揭示了在商务英语中各项语言技能的相对重要性。霍尔顿（Holden）通过设计问卷，调查了参与者在日本工作中遇到的英语需求类型。在他列出的十个语言领域中，有八个与口语相关，包括演讲、谈判、参加会议和打电话等。杜德利-埃文斯和约翰在分析了所有商务英语需求后指出，英语口语是工作场所的主要语言需求。他们发现关键任务包括参加会议、谈判、打销售电话和咨询电话，以及进行口头报告。其他任务如接待访客、主持活动和回答工作面试问题等，虽然乍看可能较为次要，但实际上同样重要。

随着全球经济和国际贸易的迅猛发展，口语技能变得日益重要。口语交流已经成为职场中不可或缺的一部分。交流和社会互动是完成职业活动的手段，它们使员工能够学习新技能并推动问题解决方案的发展。如果一个员工希望在职场上不处于劣势，并在其商业生涯中取得成功，那么其必须精通口语。因此，对于那些尚未开始商业生涯但需要为之做好准备的学生来说，在课程设计中加入口语交流训练是十分必要的。

二、商务英语口语教学策略

当前，在许多商务英语口语课程中，教师仍然扮演着主导角色。在一些课程中，教师花了80％到90％的时间教授语言，所以学生通常很少有机会进行口语练习。由于不满足传统的以教师为中心的教学方法，许多教师开始探索商务英语口语课程的新教学方法。一些有代表性的方法如：在商务英语教学中使用模拟法、将案例研究应用于商务英语口语教学、在功能语法下进行商务英语口语教学。

下面介绍三种教学理论在商务英语口语中的应用,以期为商务英语口语的教学创新提供新的思路和方向。

(一) 体验学习理论的应用

1. 体验学习的定义

体验学习与经验密切相关。它把学习当作一个更复杂的过程,包括理论和实践、行动和反思,非常重视学习的情感维度。

(1) 体验学习是知识通过体验的转化而产生的过程。

(2) 杜威的理论是,体验产生于两个原则——连续性和互动性。连续性是指一个人的每次经历都会对其未来产生影响,互动性指的是对一个人的体验的情境影响。

(3) 体验学习将对学生有意义的直接经验与有指导的反思和分析相结合。它是一个具有挑战性的、积极的、以学生为中心的过程。

(4) 参与者在认知、情感和行为上对知识、技能和/或态度进行处理,其特点是高度主动参与学习。

2. 体验学习的基本模式

众多学者基于他们的研究工作,构建了以体验为中心的学习模式。在这些模式中,大卫·科尔布(David Kolb)所著关于体验学习的书籍因有效地融合了理论与实践而颇具影响力。科尔布所提出的学习周期被广泛认同为体验学习的核心框架。他致力于将体验学习从纯理论的桎梏中解放出来,并为其实施提供一个实用的教育结构。该模型由四个阶段——亲身体验、反思观察、概念化以及在新环境中测试构成。

体验学习被视为一个四阶段的循环过程,学生在其中参与新的活动,对所经历的活动进行深刻反思,形成概念,并将新获得的知识与既有经验相融合。至关重要的是,学生们需要在理解的基础上做出决策,在学习的旅途中,个体会在不同的层次上,从积极参与者转变为旁观者,从涉身其中转向更为抽象的分析性思考。

3.体验学习在商务英语口语教学中的应用

建构主义理念认为，在特定的学习情境下，学习者通过与他人的互动合作、信息交流等手段，主动地构建自己的知识体系。一个富有成效的学习环境应当整合四个核心元素：情境性体验、协作学习、有效沟通以及意义的个体建构。为了促进学习者对知识的深入理解和实际运用，设计高度相关的情境是教学设计中的关键环节。

在教学实践中，创设有助于学习者进行个人意义建构的场景至关重要。整个学习进程应渗透着全方位的合作精神，这不仅体现为教师引导下的学生互动，也包括学生之间的协同探究。这种合作作用于知识内容的梳理、解析和评判，对于假设的形成、验证、自我反馈机制的确立以及学业成果的评价同样不可或缺。合作的本质可以视为一种有意识的对话与协商过程，主要通过团队成员间的讨论与相互探讨来推进。而交流，则是维系这一合作过程的核心纽带。

因此，在语言学习中，为学生创造更多的学习体验机会是非常重要的。将体验式学习应用于商务英语教学领域，我们需要遵循一定的原则，并制定相应的计划。教师应帮助学生提高对经验的认识，引导他们回顾和反思自己的经历。对于那些无法获得或不适宜的"真实生活"经验，可以用建设性的经验来替代。商务英语作为一种专门用途的语言，教师需要探索如何将商务相关的情境和体验融入课堂教学，这对于商务英语教学具有重要作用。在中国的高等院校中，商务英语课程的体验式学习尤为有效。

（二）情境教学理论的应用

1.情境教学法的概述

情境教学法起源于19世纪末兴起的直接法，它对传统的语法翻译教学法进行了革新。直接法的倡导者认为，在语境中听到单词和句子并模仿所听到的内容，以自然的方式学习语言是最佳途径。在这里，"直接"是指将意义与物理世界的行动、物体、人物、情境等直接关联，而不依赖翻译或参照学习者的母语。在采用直接法的课堂上，只使用目标语言，通过展示、绘画、模仿或演示事物来传达意义。问答练习和对话练习,极度地强调了目标语言的口语实践,鼓励学习者尽可能地模仿和参与。

在情境语言教学中,运用情境的目的是帮助学习者通过语境学习,提高发音和语法的准确性。在商务英语口语教学中,情境通常被视为传递意义和练习技能的途径。通过情境学习,学生可以更好地理解他们将要面对的情境,并通过实践学会运用语言。将情境应用于商务英语口语教学的最终目标是帮助学生达到专业水平和语言能力。

2. 基于情境的教学法在商务英语口语教学中的应用

埃利斯和约翰逊提出了商务英语教学的五个基本原则:①采取交际的方法;②让学习者参与课程设计;③决定用于输入和输出的训练时间;④设置学习任务;⑤对学习者的表现给予有益和建设性的反馈。陈娟和罗晶提出了另外五个教学原则:①实用原则;②有趣原则;③有效原则;④真实原则;⑤多样化原则。

这些原则是根据商业学习者的需求提出的,它们也应适用于应用情境教学法的商务英语口语课堂。在基于情境的教学中,情境被强调,但它们被视为达到目的的手段,而不是目的本身。因此,教学的一个重要原则是确保情境能够更好地服务于教学并促进学习。

将情境纳入教学通常包括三种类型的工作:选择适当的教学情境、利用多媒体来展示情境和设计实践中的模拟游戏。

(1) 选择适当的教学情境。埃利斯(Ellis)和约翰逊(Johnson)指出,商务英语的主要原则是将培训与需求联系起来。因此,用于商务英语课程的情境必须满足学习者的实际需要。人们通常为了两种基本的动机——工具性动机和整合性动机而学习。前者指的是将掌握一门语言作为实现工具性目标的手段,即获得一份工作;而后者是学习者希望将自己融入第二语言群体并成为该社会的一部分时采用的动机。从这句话中,我们可以看出,动机通常是以需求或欲望的角度来考察的。无数的研究和实验表明,动机是成功学习语言的关键。对于大学商务英语专业学生来说,他们的学习需求主要是为将来的工作生活做准备,所以如果给他们提供反映或模拟他们将来可能处理的环境的情境，他们就会有更积极的动机去学习。

（2）利用多媒体来展示情境。首先，教师可以利用幻灯片或视频直接展示某种情境的画面。在介绍学习者不熟悉的事物时，视觉画面具有很高的价值。研究表明，当用语言描述一个事物时，人们需要 2.8 秒才能识别它，但通过视觉画面只需要约 0.4 秒。商务英语专业的学生仍然与真实的商业世界有一定的距离，尽管其中一些学生可能对这个领域有所了解，但他们的商业知识实际上还相当浅薄。此外，需要注意的是，大学生来自全国各地，有些来自发达地区，有些则不是。来自农村的学生相对来说比城市居民了解的信息要少，所以对于一个看似简单的概念，并不是每个人都能轻易理解的。换句话说，教师需要在课堂上进行更多的解释。在这种情况下，利用视觉教具进行演示是高效的。视觉画面在展示非语言信息方面也非常有用。在商业领域，非语言沟通和语言沟通同样重要。在大多数情况下，非语言沟通涉及面部表情、眼神接触和身体语言的使用。仅仅通过语言的解释通常无法充分呈现这些信息，但通过直观的画面，学习者可以立即领会这些要点。

（3）设计实践中的模拟游戏。模拟技术起初被应用于商业和军事训练领域，它涉及一种教学方法，该方法要求学生扮演特定角色，并在设定的情境中与其他角色进行互动。克里斯托弗（Christopher）和史密斯（Smith）设计了两种不同的模拟模式：一种是收敛模式，其中角色描述详尽，交流方式也被明确设定；另一种是发散模式，对角色没有具体限制，也不遵循任何正式的程序或顺序。在商务英语的教学实践中，这两种模式都被认为是有价值的，它们包括销售和谈判的角色扮演、问题解决讨论以及模拟现代商业环境下的会议等多种形式的活动。通过这些活动，学生们能够沉浸在目标情境中，锻炼自己的商业技能。同时，这些活动也促进了参与者之间有效的人际沟通和社会互动。为了使模拟活动得以实施，参与者必须承担起他们角色的职责，并在所处的情境中尽自己最大的努力。为了充分履行角色职责，学生们在模拟过程中必须运用社交技巧与他人进行有效沟通。有时，学生们会非常专注于角色扮演，以至于忘记了对英语表达的恐惧。他们在模拟中获得了大量的口语练习机会，并学会了如何与同伴进行有效的互动和交流。

综上所述，让商务英语口语课程与学生的工作或学习需求相关是激励他们的好方法，有效地使用视觉教具、录音和实践模拟可以很好地将学生与目标情境联系起来，活跃学习氛围，保持学生的参与度。

（三）任务型教学理论的应用

1.任务型教学理论概述

任务型教学法源于建构主义、人文主义和第二语言习得等理论，在语言教育领域扮演着关键角色。这种教学法自20世纪80年代从交际式语言教学中演变而来，并已取得显著进展。其核心理念可以概括为"通过实践来学习"。在任务型教学中，精心设计的任务成为激发学习的动力，执行这些任务的过程本身即被视为学习过程，而学生完成任务的展示，而非传统的测试成绩，被看作是教学的成果。纽南（Nunan）对任务型教学的定义是："基于任务的语言教学是一种课程设计方法，它不以有序的语言项目列表为起点，而是以一系列任务为核心。"具体而言，教师会根据所教授的语言知识和教学目标，设计出各式各样的任务（即语言活动）。这些任务应当是明确且可执行的，以便学生能够通过表达、交流、协商、表演、说明、提问等多种方式来完成。学生需要完成这些精心策划的任务，以此促进语言学习的成功。任务型教学的目标是协助学生更加有效地学习和掌握语言。

在任务型教学法的特性方面，纽南提炼出了五大核心原则：①主张通过实际运用目标语言进行交流互动来促进学习；②将真实世界的文本融入学习情境之中；③确保学习者不仅聚焦于语言本身，还注重参与和体验学习过程；④重视并强化学习者的个体经验，视其为丰富课堂教学不可或缺的部分；⑤旨在搭建课堂内语言习得与课外语言实践应用之间的桥梁。上述五点表明，学习过程在任务型教学中得到特别强调。在任务型教学中，学生通过执行任务参与学习过程，同时帮助他们提升语言能力。

２．任务型教学理论优势

任务型教学法被看作是语言教育革新的标志，尤其是当与传统的 PPP（演示、练习、生产）模式相比较时。长期以来，大多数教师一直沿用这一传统的教学方法：PPP。作为一种成熟的第二语言教学方式，PPP 推崇三个阶段的教学过程。在演示阶段，通常关注一个特定的语法点或语言功能的实现，并经常在明确的上下文中进行介绍。这个阶段旨在帮助学习者理解语言特征。练习阶段的目的是让学习者有机会充分练习新学的语言规则或句型。而在生产阶段，学习者应该能够自发且灵活地使用目标语言。例如，在交流任务或角色扮演活动中，或在中国的英语教学中，PPP 方法确保了教师角色和教师培训的一致性，并且使教师责任明确。然而，威利斯（Willis）指出："具有讽刺意味的是，PPP 最终的目标——自由运用语言，往往未能实现。如果学生被要求产出预先规定的形式，那么所谓的'生产'又怎能称得上是自由的呢？"

PPP 方法是一个单向的知识传递过程，它强调"教师控制"，却忽略了学生在学习过程中的重要性。相比之下，任务型教学着重于增强学生的交际能力。课堂上学生参与的任务越多，他们接收的理解性输入也就越丰富。因此，与在语言教学中应用的传统 PPP 方法相比，任务型教学展现出其独特的优势。

３．基于任务型教学理论的商务英语口语教学

在经济全球化逐步推进、中国加入世界贸易组织以及国际合作不断增加的时代背景下，商务英语在高等教育领域变得日益重要。特别是商务口语能力，它被广泛认为是国际商务专业人士必备的关键技能。商务人士需要通过精通商务口语来确保有效沟通。因此，商务口语课程旨在提升学生在商业环境中的交流技巧。尽管如此，当前商务英语口语的教学成果并不理想，许多学生的交流能力未能达到预期标准。鉴于此，众多学者和教育工作者正试图找出商务英语口语教学效率低下的根本原因，并提议采用任务型教学法作为一种改进手段。

作为教育者，教师首先应考虑自己在课堂上的角色；其次，教师有义务确保设计的任务在实践上是切实可行的；再次，任务型教学不仅能够结合语言教学与情感教育，而且涉及互动或协作的语言活动；最后，研究表明，与 PPP 模式相比，任务型教学确实能够为学生提供更多接触和使用商务英语口语的机遇。

三、商务英语口语教学的跨文化培养

商务英语口语课程强调口语能力的培养，并将英语技能与商业理解及沟通技巧相结合，是一门应用性强且跨学科的实用课程。该课程不仅要求学生具备坚实的语言基础，还要求他们能够应对实际的商业挑战。尽管商务英语口语已成为商务英语专业的核心课程之一，但在中国，这一领域的教学长期以来一直是英语教育中的一个弱项。

（一）文化习得

文化习得是跨文化交际领域中极为关键的概念，不同学者从各自的研究视角出发给予了多样化的定义。在英语语境中，这一概念有多种表述方式，如文化适应、文化同化和文化融合等。关于文化习得的定义包括"适应新文化的过程""理解新文化的观念、信仰、情感和交流系统的过程"以及"学习者与目标语言社会及心理融合的过程"。它是第二语言习得不可或缺的一部分，因为"第二语言的习得实际上是文化适应的一个侧面，学习者对目标语言群体文化的适应水平将决定其掌握第二语言的程度"。

商务英语教学的根本目的是实现有效的跨文化交流，并提升英语教学的效率与品质。因此，培育学生的应用能力是英语教学的核心任务之一。在此背景下，文化习得模型为我们提供了理论指导和实践经验，帮助学生更深入地理解跨文化交流的内涵，进而提高商务英语教学水平，并培养学生的跨文化沟通能力。

当前，口语交流作为沟通的一个重要环节，在国际互动中扮演着越来越重要的角色。要想流利地使用英语，学生必须培养跨文化交际的能力，并在掌握语言技巧的基础上深入了解目标文化，包括其社会背景、风俗习

惯和生活方式。不同的文化和价值观会影响对词句的理解。如果无法识别这些差异，就可能在交流中遇到文化冲突和沟通障碍。然而，提高交际能力不仅需要掌握语言知识，还需要正确理解民族文化和语境。跨文化交际既是商务英语教学的目标，也是其手段。因此，在商务英语教学中，我们应重视交际能力的提升，注重特定的交际场合语言的使用。纯理论的学习语言并不足以实现有效的沟通，实际应用中还必须学会如何在特定情境下准确得体地运用语言。要成为一个高效的交际者，不仅要求掌握听、说、读、写的基本技能，更应掌握对社会文化语境的深刻理解与适应能力。因此，使用语言时需遵循所在语言社群的社会习俗和道德规范，尊重他人的生活观念和价值观，这样才能构建和谐的人际交往关系。简言之，深入探究相关社会及文化背景知识，是提升交际能力不可或缺的一部分。

（二）迁移现象在语言习得中的体现

从心理学视角出发，"迁移"是指在学习新知识、新技能的过程中，原有的知识结构和技能对新知识、新技能获取的影响机制。语言迁移这一概念自20世纪50年代开始在第二语言习得研究领域得到广泛关注。它特指在目标语言交流情境下，学习者由于缺乏对目的语系统的完备掌握，在表达思想时自然而然地借用母语的语音特征、语义逻辑、语法构造乃至文化习惯的现象。语言迁移可以分为：正迁移和负迁移，语言间迁移和语言内迁移，交流中的迁移和学习中的迁移。

1. 正迁移和负迁移

在语言迁移的研究中，正面迁移和负面迁移被认为是最关键的概念。对比分析的观点指出，母语中既包含了能够促进学习的正面迁移因素，也包含了可能阻碍外语学习进程的负面迁移因素。一方面，正面迁移有助于加快语言学习进程；另一方面，负面迁移则对学习新语言产生不利影响。具体来说，当已有知识有助于当前语言的学习时，便发生了正面迁移；而当这些知识妨碍了新语言的掌握时，就出现了负面迁移。研究表明，不同语言之间的相似性与差异性是导致语言迁移发生的主要原因。

2. 语言间迁移和语言内迁移

在语言学习者掌握新语言的进程中,根据迁移现象所涉及的不同源头,语言迁移可细分为语言间迁移与语言内迁移两个类别。其中,语言间迁移是指在不同语系或语言系统间发生的知识和习得规则的转移,特别是指学习者将母语体系的知识和习惯迁移到第二语言即目标语言的学习实践之中。这一过程强调了母语在外语教学中的参照作用,通过比较母语和目标语之间的共通点与差异性来优化英语教育策略。

3. 交流中的迁移和学习中的迁移

随着对语言迁移现象认识的加深,人们开始将其理解为心智中的一种语言处理机制。按照费尔克(Felker)和卡帕斯(Kappas)的观点,当学习者尝试通过调动其母语来使用第二语言并掌握它时,会出现两种不同的场景。第一种被称作"交流中的迁移",这种迁移仅在学习者进行外语说写和理解的过程中发生。在这种情况下,学习者会借助自己的母语来达到临时的或特定的交流目标,或者帮助自己更深入地理解目标语言的含义。第二种被称为"学习中的迁移",它发生在学习者利用对目标语言的理解去构建一个涉及该语言规则的跨语言系统时。迁移现象在交际与学习中并非孤立存在,而是相互交织的。

(三)商务英语口语教学与跨文化培养

1. 文化习得的应用

(1)视、听、说一体化教学。语言学习的理论强调,有效的语言产出建立在充足的语言输入之上,而语言输入的多寡是能否提升英语口语能力的一个关键因素。在商务英语的口语教育中,融入视听材料能够有效促进学生的口语技能发展。通过结合视觉和听觉的教学方式,学生能够完整地经历从语言接收、记忆到产出的全过程,进而掌握交流的技巧。情境视频以其图像、声音和色彩的丰富性,以及文字和图片的动态展现,提供了生动、活泼且直观的学习环境,不仅充满情感,还设定了具体的场景。

(2)以学生为主体,采取多种教学方法。以学生为主体,教师可以采取各种教学形式,如小组讨论、角色扮演、辩论等,以及各种教学方法,如交际法、认知法、任务法、情境教学法、案例教学法等。在整个教学过程中,教师是设计者、引导者、协调者和合作者,他们创造出更符合实际的跨文化交际环境,使学生融入环境,激发学生的学习兴趣,发展学生的创造性思维,促进学生在口语交际中对文化差异的认识和应变。

(3) 利用多媒体和互联网进行文化知识教学。多媒体教学作为一种现代化的教学手段,以计算机技术为核心,通过投影设备、展示台和音响系统等辅助工具,向学生呈现文字、图像、声音和数据等信息。这种方法的优势在于其内容丰富且生动,易于展现,并能创造一个动态变化且接近真实的学习环境。随着多媒体技术的不断进步,它能够真实地再现各种跨文化交流情境,让学习者获得亲身体验,从而为外语教育中的文化教学提供新的路径。

2. 语言迁移的策略

(1) 兴趣迁移。在英语学习的过程中,学习者通过内化所学的外语知识来积累隐性知识。他们往往采用记忆的方式,这可能会减少他们对学习英语的兴趣。兴趣是学习动机的关键要素,它作为一种内在的驱动力,指向学习活动本身。兴趣的本质在于,当人们在学习和探究知识时感受到乐趣,就会自然产生继续学习的需求。

(2) 情感迁移。在语言学习过程中,学生是中心参与者,而不仅仅是教师传递知识的对象。研究显示,尽管教师扮演的是知识的传递者,但他们对学生学习兴趣的激发起着至关重要的作用。学生对教师的看法以及教师的教学热情都会直接影响到学生的学习成果。作为榜样的教师,如果展现出勤奋学习和对教学的极大热情,将正面地影响学生的学习态度。情感迁移策略旨在使情感具体化,从而增加感情转换的可能性。

(3) 认知结构迁移。认知结构是在以前的学习和客观世界及知识经验的基础上形成的。英语学习的认知结构一般以母语学习和认知为基础,是一种语言习得结构。认知结构迁移策略简言之就是通过内部变量将现在的语言习得认知运用到英语学习中,以提高学习效率,走出误区。

(4)元认知迁移。元认知是指个体对自己认知过程的了解和控制,涉及对个人认知活动的自我意识与调节。它由两个既独立又相互关联的要素构成:一是对认知过程的理解和概念化,二是对认知活动进行监控和调控。在教学活动中,教师应采用恰当的教学方法帮助学生将元认知策略运用于英语学习之中。为了加强学生的自学能力,教师需要结合学生的个性化特点来进行元认知技能的训练。

总体而言,培育学生的文化意识和提升交际技巧是至关重要且必需的。尽管如此,学生在实际交流中经常遭遇挑战,特别是面对文化差异问题或直接与母语者对话时更是如此。教师对文化习得的理解在英语口语教育中扮演着关键角色。然而,大多数教师在课堂上教授的文化内容十分有限,通常仅限于教科书范围内。目前培养学生文化意识的方法并不尽如人意。调研结果显示,一方面,学生由于缺乏文化知识和跨文化意识,在交流时容易产生误解;另一方面,教师未能充分重视在课堂上培养学生的文化意识和传授充足的文化知识。总之,在商务英语口语教学中,教师和学生都应增强文化意识和提升文化素养,从而提高语言迁移技能,并从根本上增强口语表达和跨文化交流的能力。

第二节 互联网时代商务英语翻译教学

一、商务翻译的特点

全球商务活动已经成为常态,并且正在持续扩展。商业的全球化及其增长是经过一番努力才实现的,而在扩张的过程中也遭遇了若干挑战。其中最严峻的挑战是如何有效地将信息翻译成不同语言,并与具有各种文化背景的客户进行有效沟通,同时确保信息的完整性和准确性。这些翻译工作涉及许多其他领域未必包含的关键要素,可能包括专利文档、证词、合同、申请书、出生证明、战略规划、市场营销和广告材料，以及财务报表等商业或法律文件。

（一）商务翻译要素

1. 术语

商业和法律用语与大众日常交流的语言存在显著差异。这些文档中充满了具有特定含义的专业术语，而术语的上下文稍有变动就可能引发严重后果。在将这类语言从一种文字翻译成另一种时，了解目标国家或司法管辖区特有的法律用语是至关重要的，在处理专利和专业技术性领域的工作时更是如此。

2. 隐喻

许多人会将隐喻与俚语混为一谈，这种混淆在翻译时需要特别留意。隐喻在不同的文化背景下具有独特性，这意味着它在不同文化中可能承载着不同的意义。一个在某文化中被视为不恰当的比喻可能在另一种文化中被完全接受。若翻译者对隐喻的处理时机和方法不够了解，最安全的策略可能是略过不译或寻求进一步的解释，以避免产生误解。

3. 时间

商务翻译中的时间考量不仅涉及项目的周期、公司运营的持续时间，还包括产品到期和有效期等时间相关的事项。例如，在金融领域，时间的概念可能关乎贷款期限、还款日期及储蓄时长。确保翻译准确传达了正确的时间长度对于受众建立正确的时间观念至关重要。

4. 保密

在商务翻译领域，经常需要处理包含商业机密的文件。译者必须对所翻译的信息严格保密，不得向外界或非相关人员泄露任何内容。分享这些文件的内容给公众或竞争对手将违反保密协议和商业伦理，并可能导致法律追责。建立基于保密性和可靠性的信任，对于翻译业务文件和维护客户关系至关重要。有时翻译人员可能会在公开信息前接触到敏感内容，无论是故意还是无意地泄露，都可能破坏双方的信任。

(二) 商务翻译理论

翻译理论的发展由来已久，但真正适用于商务翻译的理论并不多见。由于商务翻译的特殊性，适用于文学翻译的翻译理论和原则并不一定能完全套用在商务翻译实践中。鉴于此，我们在这里探讨两种目前运用比较多的理论：功能对等理论和翻译目的论。

1. 功能对等理论

在介绍功能对等理论之前，首先要了解"功能主义"。"功能主义"意味着注重文本和翻译的功能。它是所有以这种方式处理翻译的理论的广义术语。从某种意义上说，翻译包括在目标语言（TL）中再现与源语言（SL）信息最接近的自然等价物。对于这种基于对等的方法，重点是目标文本（TT）与源文本（ST）的忠实度或等效性。原文对译文而言，是享有绝对优先权的。

（1）动态对等。翻译中最重要的是受众接收到的信息。在形式和内容上都具有重要意义的信息不仅需要被理解，还需要被欣赏。而译者只有把原文的特征表述出来，才能达到"动态对等"，这种对等强调的是传递意义的重要性，而不是语法形式。简言之，"翻译的质量就体现在，原文的信息已经被传递到接收者语言中，以致接收者的反应本质上与原文接收者的反应是一样的"。

（2）形式对等。形式对等关注保持信息的形式和内容不变。这意味着翻译后的信息应当与原文保持一致。追求形式对等的目的是实现原文与译文在结构上的一致性，这包括词汇、语法、句法和结构等方面的语言特征，这些因素对于确保翻译的准确性和正确性至关重要。

在讨论翻译理论中关于接受者取向的方法时，形式对等和动态对等的概念被认为具有挑战性。由于多种原因，这两个概念受到了广泛的批评。一些学者质疑翻译中等效反应的可行性，因为这种反应往往基于分析师和翻译者的主观判断。此外，这些理论在实际应用中的有效性也存在争议。尽管面临批评，这些方法在翻译学术界仍然占据重要地位。接下来的讨论将围绕这些理论在商务翻译中的应用和实践问题展开。

2. 翻译目的论

（1）理论缘起。功能对等这种语言学观点无疑有其优点，但同时，其缺点也显而易见。在翻译实践中，不需要对源文本逐字翻译而寻求真实的情况也是存在的。这是因为翻译并不严格限于语言点，并且语言对等通常不是翻译技术报告、新闻、商业文件和说明等信息性文本的先决条件。

（2）理论阐释。"skopos"是希腊语，意思是"目的、意图和功能"。维米尔认为，任何形式的位移都应被视为具有目的的行为。在他看来，目标文本的产生是为了适应源文化中的特定情境，而在目标文化中，其情况可能迥异。因此，翻译应当基于目标文化的需求来重新创作："原文服务于源文化，并且总是与其紧密相关。"这与追求对等的传统理论形成鲜明对比，后者将源文本视为绝对标准，将对等性视为最高准则。在功能主义理论中，学者们最为关注的是目标文本的意图或作用。目的论遵循三个核心原则：目的性原则、连贯性原则和忠实性原则。

二、商务英语翻译的文化对等传递

商务英语作为一门融合了经济学、管理学等多个学科知识的特殊专业英语分支，在国际商贸环境中的应用日益凸显其重要性。随着全球商业交流活动日趋频繁，对商务英语翻译的精准度与得体性的需求不断攀升。由于国际商务活动内容丰富且复杂多变，这就从根本上决定了商务英语翻译工作的独特性、多元性和挑战性特征。

（一）商务英语翻译中的跨文化交互特性

在跨文化交流情境下，不同的文化背景往往会导致参与者在价值观、行为准则及思维方式上产生差异，这使得对相同的词汇表达、语句结构、非言语符号乃至实物的理解可能存有显著分歧。在这种情况下，由于文化信息的不对称性，误解和沟通障碍现象普遍存在。翻译作为一种跨越语言和文化的实践过程，其关键环节必然包含对文化因素的深入理解和恰当处理。正如美国著名翻译家尤金·奈达所强调的，成为优秀的译者，理解两种甚至多种文化比单纯精通多种语言更为关键，因为只有将词语置于特定的文化语境中，它们才能真正具备意义。在实际翻译操作时，当原文承载着丰富的文化内涵时，译者必须深刻领悟相关文化背景，以保证准确转述原文含义，并尽量实现在文化层面上的信息有效对等转换，从而避免文化信息的流失或扭曲。

商务英语翻译在遵循一般翻译原则的同时，还具有自身的特性和要求，它更重视实用功能而非审美诉求，用词选择更具灵活性，并根据具体内容采取相应的翻译策略；文体形式相对固定，不允许出现核心内容的遗漏或错误。相较于普通文本中的语义信息和文体表现，商务英语翻译中隐含的文化信息更为微妙且对译者提出了更高的标准。倘若译者在商务英语翻译过程中忽视了文化信息的传递，可能导致信息失衡，进而阻碍甚至破坏商务沟通效果。反之，若能恰当地把握并精确传达相关的文化信息，则能在翻译工作中取得事半功倍的效果。

（二）商务英语翻译中文化对等传递面临的挑战

1. 文化空白问题

在商务英语翻译过程中，文化信息空白指的是源语言中存在的某些概念或指涉物，在目标语言文化体系中缺乏直接对应的表达方式。尤其是在科技快速发展的背景下，新的词汇与表达形态层出不穷，文化空白问题在商务英语翻译实践中显得尤为突出。

2. 文化冲突与差异性难题

文化信息的冲突或差异是指不同语言中相似的表述可能负载着不同的象征含义甚至是相反的意义。在商务广告等场景中，文化信息的差异性极为普遍。面对此类情况，如果译者未能精准捕捉到英语中深藏的文化意蕴，则可能会导致文化信息传递失衡，使译文既误导读者又引发交际失败，造成不良后果。因此，译者应竭力追求文化元素的相对对等传播。

（三）商务英语翻译中实现文化对等传递的策略实践

实际上，在翻译实践中，对等通常是相对的，特别是在跨文化传播层面，绝对的对等难以达到，但译者可以通过努力寻求最大限度的相对对等。类比于能量守恒定律，在开放系统中进行能量转化和传递时，损失是不可避免的。同样地，在翻译这一人为进行的语言"编码转换"和信息传递过程中，文化信息的损耗也是常态。以下两点为实现翻译中文化对等传递的有效途径。

1. 提升译者的跨文化素养

跨文化素养体现在译者能够公正、无偏见地比较分析自身文化与其他文化的差异上，包括对文化多样性的欣赏、接纳以及摒弃自我文化中心主义的态度，尊重并理解其他文化。对于翻译工作者来说，构建和完善跨文化意识至关重要。为此，译者需要针对特定的源语言和目标语言背景，学习相关的文化知识，在具体翻译行动中既要深入洞察原文的文化脉络，又要兼顾目标语言文化，并尝试在两者之间找到最佳的平衡点。

2. 翻译者巧妙运用语用迁移技巧

所谓"语用迁移"，是在跨文化交流中，人们倾向于运用母语或所属社区的社会语言规则去解读和评价对方的行为习惯。语用迁移并非总是带来负面影响，有时也能促进有效的沟通。鉴于商务英语文本通常呈现出正式严谨、文体规范的特点，翻译工作更注重忠实、准确地再现原文内容。这要求译者不仅要正确解构文字表面意思，还要领悟其中包含的文化深度。为了适应目标语言读者的阅读习惯，译者在翻译过程中可以审慎采用语用迁移策略，选取符合目标语言文化习惯的表达方式进行翻译，使读者能够更加准确地理解和接纳原文信息。

三、商务英语翻译教学的现状与创新策略

在我国社会主义建设过程中，教育扮演着至关重要的角色。教育水平在很大程度上决定了社会人才的供应质量，并对各个社会领域的建设与发

展产生关键性影响。在这样的背景下，积极推进商务英语翻译教学变得尤为紧迫。商务英语翻译教学能够使学生掌握丰富的英语知识，理解英语翻译的基本理论和技巧，从而提高他们的专业能力，使他们更好地适应国际化竞争的需要，并加快我国产业融入全球化的进程。

（一）商务英语翻译类课程概述

在商务英语的教学领域中，翻译课程是一个关键的组成部分。它主要涉及与商业活动相关的英语专业知识，培养目标是培育能够专业进行商务英语翻译的杰出人才。如商标、公司简介、产品说明、商务信函、商务报告等内容。通过商务英语翻译课程的指导，学生可以在毕业后熟练地使用英语进行外贸工作，并成为国际商务发展所需的多元化人才。

在经济全球化的背景下，我国的产业正逐步进入国际市场，因此商务英语翻译人才的重要性日益突出。翻译过程能有效促进国际商务活动中的沟通与交流，使我国企业能更顺畅地与国际企业对话，从而更好地理解彼此的需求，加深相互了解，并进一步达成商业合作的意愿。

商务英语翻译课程的目标是培养精通国际商务专业英语的人才，因此在教学过程中，我们更注重培养学生的语言能力和专业知识应用能力，这也确立了商务英语翻译课程的重要地位。

（二）商务英语翻译教学创新的意义

随着我国社会建设和发展水平的不断提升，经济建设也在逐步与国际接轨，与国际社会的经贸往来日益频繁。各种跨国企业和商业活动纷纷涌现，既推动了我国社会主义经济建设，也给国内企业发展带来了挑战。在这样的背景下，我们需要大量精通商务英语的人才来确保国际化商业活动的顺利进行，使我国企业在进行国际化商业活动时能与国际企业充分沟通，保证双方交流的畅通，从而推动我国经济的高速发展。

因此，商务英语翻译教学的重要性逐渐显现。通过商务英语翻译教学，学生可以掌握更丰富的英语专业知识，学习更多国际商务专业术语，为我国企业走向国际化贡献力量。为了提高商务英语翻译教学水平和人才培养效果，我们需要加强对商务英语翻译教学的思考和分析，积极推动教学改革和创新，根据当前经济全球化发展趋势进行有针对性的人才培养，确保商务英语翻译教学有序进行，培养出更多具有专业能力的优秀人才，为我国企业在国际化商务合作阶段提供人才支持，推动中华民族伟大复兴事业稳步向前。

（三）商务英语翻译教学创新的必要性探讨

商务英语翻译教学是我国社会主义教育体系的重要组成部分。商务英语翻译教学的质量会在一定程度上影响到人才培养的实效性，同时对于我国企业在国际化发展期间的人才供应也会起到决定性的影响。总的来讲，在商务英语翻译教学中积极推进教学模式改革创新的必要性包含以下几点。

1. 革新人才培养模式

积极推进商务英语翻译教学创新有助于改革人才培养模式，是提高人才培养质量和效率的关键途径。教育从业者需要加强对商务英语翻译教学的分析与思考，总结教学经验，致力于创新教学模式，以促进翻译人才培养模式的改革。

2. 满足国际商务人才需求

在当前经济全球化的背景下，我国各个领域呈现出蓬勃发展的态势，各类型国内企业逐渐迈向国际市场。特别是在"一带一路"倡议的指导下，国内企业与国际企业的交流与合作不断加强，形成了良好的商业发展模式，提升了我国经济发展水平和文化输出水平。

3. 引领教育事业创新改革

教育是实现人才培养的关键途径，也是社会主义建设事业快速发展的基础。因此，我国制定了科教兴国发展战略，旨在通过教育培养出不断涌现的优秀人才，推动中华民族伟大复兴事业的快速发展。为此，我们需要更加重视教育事业，积极推动教育改革和创新。

（四）商务英语翻译教学中所存在的问题探讨

当前商务英语翻译教学工作，仍然存在部分问题，同时也在一定程度上局限了商务英语翻译所取得的成效。当前商务英语翻译教学中存在的问题包含以下几个方面。

1. 商务英语翻译课程教材内容滞后

在商务英语翻译教学中，教材的选择对学生的学习需求和国际商务的发展至关重要，直接影响人才培养的效果和教育事业的推进。然而，现实中商务英语翻译课程教材存在一些问题，如内容滞后、缺乏实践能力培养等，这些问题会影响教学效果，降低人才培养质量。

2. 教师队伍专业能力有待提升

教师队伍的专业能力对商务英语翻译人才培养工作具有决定性影响。如果教师队伍专业能力强，则能顺利开展各个人才培养环节和流程；反之，则可能对商务英语翻译教学工作造成较大阻碍和制约。然而，现实中往往存在教师队伍专业能力不足的问题，限制了商务英语翻译人才培养效果。

3. 商务英语翻译教学手段单一

当前商务英语翻译教学存在教学手段单一的问题，导致课堂教学过程单调乏味，可能使部分学生失去兴趣，影响教学效果。主要表现为一些教师不注重创新教学手段，仍采用传统的以教师传授知识为主的课堂形式，使学生处于被动地位，未充分发挥积极性和主动性，削弱了学生的学习热情，不利于提高教学质量和效率。

4. 缺乏完善的教学考评机制

在商务英语翻译教学中，考评机制起着关键作用。完善的考评机制能有效地反映学生对商务英语翻译课程的学习和专业技能掌握情况，帮助教师有针对性地优化教学，推动教学创新改革。然而，当前商务英语翻译教学中的一个突出问题是缺乏完善的考评机制，导致无法顺利完成考评过程，也无法有效反馈学生的学习成效，不利于提高教学质量和效率。

（五）商务英语翻译教学创新的建议性策略

为提高商务英语翻译教学质量、促进教学改革创新，教师需深入思考和分析当前教学中的不足，制定针对性策略，推动教学顺利进行，探索新的人才培养模式和流程。在商务英语翻译教学实践中，可以从以下几个方面推动创新。

1.基于人才培养需求选择教材内容

教材的选择对商务英语翻译教学质量和人才培养效果具有决定性影响，因此加强教材选择的思考和投入是提高教学质量的关键。需要根据人才需求来选择教材，使教材与教学紧密结合，提升教学效果。

在挑选教材时，首先要考虑教材所涵盖的专业理论知识是否全面，分析内容能否模拟翻译场景，确保与国际商务发展相契合，以取得良好的教育效果，培养学生的商务英语翻译能力。此外，教材内容应实用性强，与国际商务发展保持一致，有助于提升学生的翻译技能。

总体来说，在商务英语翻译教学中，教材难度要适中，既要避免过难导致学生失去兴趣，也要避免过于简单使学习缺乏趣味性，削弱学生主动性。结合学生需求选择教材内容，有助于推动教学创新。同时，教材内容要紧跟时代发展，满足毕业生的能力需求，培养出优秀的翻译人才，推动我国国际化商务的快速发展。

2.夯实教师队伍专业能力

为确保商务英语翻译教学的顺利进行和创新改革，需要有专业知识丰富的师资队伍，推动课程有序进行并取得良好的人才培养效果。因此，要关注英语翻译课程教师的专业能力，确保其能够胜任翻译课程教学。

首要任务是积极开展教师专业培训，通过定期培训帮助教师掌握更多商务英语翻译知识，了解如何在教学中推动改革创新，以提高教学质量。此外，在教师培训活动中，可邀请具有丰富行业经验的优秀教师作为嘉宾，分享教育经验、成功案例和教学改革心得，从而不断提升商务英语翻译教师的专业能力，为教学的顺利进行打下坚实基础。

3. 着力丰富商务英语翻译教学手段

丰富商务英语翻译教学手段对促进教学创新和提高教学质量具有积极作用，因此需要深入分析和思考当前教学工作，不断探索如何创新教学手段，改进传统教学模式，以取得良好的教学效果，推动商务英语翻译教学有序进行。

教师首先要加强对商务英语翻译课程各个环节和流程的分析与思考，确保教学环节有条理和层次感。同时，适当运用网络信息技术丰富教学手段，利用网络信息技术拓展课堂内容，让学生接触更多与商务英语翻译相关的资讯，帮助学生了解国际商务发展趋势等，这对提升学生专业能力有积极影响。

此外，教师还应运用网络信息技术建立"线上+线下"的混合式教学模式，通过线上、线下两个途径开展商务英语翻译课程教学，实现教学过程的全面覆盖，有效提高商务英语翻译教学质量和人才培养水平。

4. 完善商务英语翻译教学考评机制

为提高商务英语翻译教学的实效性，满足国际商务发展对优秀人才的需求，需要完善教学考评机制，推动教学创新，提升教学水平。教师需全面分析现有的考评机制，找出不足之处，摒弃传统的纸质试卷单一考评方式，注重多元化评价指标。通过多维度评价，形成全方位、立体化的考评机制，及时反馈学生学习成效和专业能力，促进教学创新，提高教学实效性和专业水平。

四、商务英语翻译教学的跨文化培养

在大多数翻译教师中，良好的翻译教学水平体现在翻译技能、跨文化知识与能力的融合上。因此，在商务英语的翻译课堂上，如何提升翻译教学的跨文化培养水平是值得研究的。

（一）跨文化培养背景

全球化促进了不同语言和文化背景的人群的日常互动，对国际交流产生了深远影响。这要求人们在国际交流中使用一种共通语言——英语。但在国际场合使用英语可能引发语言和文化障碍，尤其是对非英语母语者来说。在商务交流中，正确运用英语对于沟通的成功至关重要。发音、语法和用法的错误使用可能导致误解和沟通障碍。商务英语教学不仅要注重语法知识，还要关注语言功能和文化交流，将商务沟通视为跨文化的桥梁。学生可能英语流利，但未必能在恰当情境下运用自如。因此，翻译的教授在于通过对比分析，进行翻译的策略调解，揭示语言和文化差异的根源。通过翻译学习，学生能更深入地理解解决问题的方法，提升分析技能，增强语法和词汇能力，提高表达能力。

（二）英语作为通用语言和专门用途英语的区别

众多英语教育工作者都认同，EFL（英语作为外语）和 ESP（专门用途英语）之间虽有交集，但区别更为突出。以下将着重探讨二者之间的差异。

首先要指出的是人们学习英语的目标不同。在 ESP 课程中，学习者需要掌握英语以便完成与工作相关的特定任务。因此，教学更侧重于实际语境中的语言应用而非通用的语法和结构。英语的学习被融入学习者感兴趣的专业领域内。ESP 并不是一种不同的语言，而是采取不同的教学方法，这也是它通常与传统教学指导有所区别的原因。相比之下，普通的 EFL 课程包含所有传统语言技能——阅读、写作、口语和听力，而在 ESP 中，可以根据学生的需求只专注于其中的一项或几项技能。教授 ESP 的教师不仅需要具备语言知识，还需拥有内容领域的专业知识来执行多样的教学任务。除此之外，翻译在 ESP 课程中可能是一个极其有益且综合的语言学习方法，因为它涵盖了传统上用以评估学习者能力的所有四项语言技能。同时，翻译练习可以针对一项或几项技能进行，而不必一次性全面练习。

（三）翻译作为"第五种"语言技能

多年来，由于采用了所谓的"语法翻译法"，翻译在语言教学中背负了不良名声。这种方法最初用于教授希腊语和拉丁语，后来逐渐应用于现代语言的教学。然而，该方法因若干问题受到严厉批评，并导致翻译在外语教学领域显得落伍。

1. 读

在着手翻译之前，重要的是要细致地阅读并分析源文本（ST）。通过认真的阅读和分析，学生能够加深对文本的理解，避免误解和错误翻译。在尝试翻译前，应彻底阅读文本以把握其内容、确定合适的翻译策略，并理解其背后的意义。文本分析可分为两个阶段：预读阶段和深度批判性阅读阶段。

2. 写

翻译过程有三个主要阶段，分别是解码源语言、转换语言和文化元素及其含义为目标语以及将文本重新编码至新的语言和语境中。这三个阶段的顺利进行均需具备优秀的写作能力。优质翻译应流畅自然，能够复现原文的风格与语境，同时遵循目标语言的书写习惯。因此，通过翻译练习，学生可以提升自己的写作技巧；若以比较视角进行翻译任务，学生便有机会观察并评价不同语言间写作风格的相似性与差异性。

3. 听和说

翻译不仅是一个涉及深层含义的沟通过程，也是教师与学生互动的一种形式，其中可以探讨翻译的正误和相关议题。当这种互动使用第二语言并在翻译的前期和后期进行时，它有助于提升学生的口语能力（包括听力和口语）。在外语教学和翻译课程中，学生练习口语的方式有许多共通之处：两种情况下，学生都需要用第二语言就特定主题展开讨论。通过翻译的交流活动，学生能加深对文本的理解，将主题内容与母语相联系，而与教师及同伴的对话则能够优化他们的交流策略并提高他们的听力技能。翻译不仅可用于教授和测试阅读、写作、听力和口语技能，还可以应用于ESP环境，更能强化特定领域的学习需求，包括语法、词汇以及文化知识。

第五章 互联网时代商务英语写作与阅读教学

第一节 互联网时代商务英语写作教学

一、商务英语写作的特点

随着经济全球化的步伐不断加快，中国企业与世界各地的商业伙伴之间的交流、沟通、合作和竞争变得日益频繁。在这样的新时代背景下，商务英语写作已经成为一种极其有效的工具。根据加拿大麦吉尔大学教授明茨伯格的研究，在日常管理中，企业经理将大部分时间都投入在信息交流上，尤其是阅读和撰写商务信件及内部通信占据了相当比例的时间。

商务英语写作的特点主要体现在以下四个方面。

（一）用词方面

1. 简明扼要

商务往来讲求的是时间与效率，在此基础上，商务语言也表现出很强的目的性。简洁明了是商务英语写作的突出特点，即在不改变句子意思的前提下，能用一个词就不要用词组，能用通俗易懂的词就不要用复杂烦冗的词，一般大多会采用商务术语来节省表达的空间及意思。另外，采用的词也要在读者的英语理解和阅读水平之内。

2. 准确具体

商务英语书面表达涉及商务信件、公司内部函电、各类计划报告以及合同协议等。同时某些文件对买卖双方的交易方式以及产品质量均产生一定的法律效力，这关系到企业之间的合作与盈利，所以在用词方面一定要严谨准确，向对方传达正确的信息。那些意义笼统甚至模糊不清的词语以及似是而非的象征和隐喻，往往会引起误解甚至误导，可以删掉或者用其他词替代。

3. 体现礼貌原则

在商务环境中保持谦逊和尊重的态度至关重要，这一原则同样渗透于商务英语写作实践。商务礼貌并不仅仅体现为表面的客套表达，更是一种尊重、理解和关怀的精神。要遵循这一礼貌原则，首先，应选择使用具有友好与礼貌意味的词汇；其次，需根据收件人的身份调整措辞，确保得体适宜；再次，在撰写过程中时时考虑对方立场，做到换位思考；最后，坚决避免任何可能暗示性别或地位歧视的语言以及回应方式，并且务必避免使用命令式的口吻来理解及传达客户需求。

4. 选择适当的语言风格

商务英语写作涵盖多种形式，如在起草关键性的法律文件或商务信函时，宜采用正式严谨的语言风格；而在处理非正式的商务便签、电邮或一般商务信函时，则可适度偏向口语化和通俗易懂的表达方式，选择更加贴近日常对话的词汇以增强沟通效果。商务写作强调用词规范化，所以这类商务词汇具有很强的逻辑性。

(二) 句法方面

1. 多用短句，少用长句

由于商务人士繁忙，没有太多时间花在阅读过长的商务文书上，因此我们在写作时应该多用简单句，少用复杂句，尽量用最少的词汇表达最多的意思。

2. 正确使用长句

多用短句并不是说商务英语写作中不能使用长句，有些意思用短句无法表达出来，即使表达出来了，也很难使信息提供得很完整，最终会影响双方的沟通。商务英语的长句句式结构较为复杂，可以将各部分之间紧密联系起来，这样使文章看起来更加完整与统一。商务英语非常重视句子的主语与谓语，所以长句应该把主、谓语放在突出位置，让读者一眼就能看到，同时也能减少读者的阅读时间。

3.合理使用主动语态与被动语态

主动语态能向对方直接表达你的意图，而被动句的使用能使信息传达更加礼貌。在商务交流中，人们常常用被动语态来表达更加委婉客气的语气。

（三）结构方面

在商务英语写作中，文章结构扮演着至关重要的角色。文章结构通常采引言、正文和结尾的形式，这种结构的优势在于能够使文章的连贯性更加突出。作者通过文字向读者传递最为凝练的信息，而读者也能从文本中解读出作者的意图。良好的文章结构有助于缩短作者与读者之间的距离。在文章中，段落是最关键的组成部分，每个段落通常围绕一个中心思想展开，这个中心思想一般位于段首或段尾，其他句子都围绕它进行详细阐述。各段落之间应紧密相连、紧扣主题，使全文结构紧凑，便于读者提取关键信息。

此外，在写作时，应当恰当地组合使用长短句、简单句和复合句，以形成结构合理的段落。在文章的组织上，还需注意明确主次，强调重点，层次清晰。重要内容应放在文章前面并详细描述，而次要信息则可放在后面，有时甚至可以简略提及。

（四）行文规范方面

1.了解写作的对象

我们常常会为了自己要编写的内容而感到苦恼，有时我们编写的商务邮件，内容很多、很复杂，不能让读者从中更快地提取有用的信息。实际上我们应该从我们的收件人下手，明确收件人想要获取的信息以及目的，根据对象选择合适的文体和语言风格。

2. 认真校对修改

校对修改首要关注的要素是标点符号的恰当使用。在写作过程中，最容易出错的标点符号往往是句号、冒号以及省略号，这些错误往往源于我们受母语习惯的影响而产生的不经意误用。因此，在完成初稿后，务必进行严谨的校对工作，确保标点符号无误。

在商务英语写作时，为了强调特定词汇、短语或句子的重要性，可以运用一些策略技巧，如加下画线、采用大写字体、变换字体样式或颜色等手段来凸显其作用和价值。

整体而言，商务英语写作需严格遵循六项核心原则：准确性（correctness）、清晰性（clarity）、简洁性（conciseness）、具体性（concreteness）、完整性（completeness）以及礼貌性（courtesy）。商务英语写作具备独特的风格与特征，并且针对不同的文档形式，其语言风格和表现手法也会有所不同，体现出多样化的表达需求。

二、商务英语写作技巧

英语写作有多种风格，如学术、创意、正式、商务等。每种风格的样式都可能部分重叠，因此何时以及如何使用每种样式就比较复杂。商务英语或商务写作是专业领域使用的风格。商务写作是完成工作申请、与潜在雇主沟通、创建专业网站简历、给雇主和主管写电子邮件以及撰写其他与工作相关的内容所必需的。

（一）商务写作的全球化

商务英语写作随着语言的变化而发展，而且它也在继续以其他方式发展。全球化背景下的今天，商务英语的学习更多是关于"如何通过英语赢得商业"。

商业英语写作的演变也是与时俱进的。现今，商务写作与学术写作相比，其文章遵循开始、中间和结束的结构（除了在某些正式报告中）的情况肯定减少了。在真实情境中，你需要培养更符合商业发展现状的读写技能。

及时征求读者对商务英语写作的反馈意见,可以从中学到很多东西。

(二) 商务电子邮件

电子邮件的写作技巧:①明确;②简洁;③可操作。

不要在问候和语境介绍上用过多笔墨,用简短的句子直接表达出来。首先,标题最多8个单词,告诉读者你在写什么即可。其次,想想你要沟通的内容。最后,当你写好电子邮件,在发送之前要再次编辑,以确保表达简洁明了。

明确需要采取什么行动,准确地说出谁需要做什么。让接受者以最简洁的方式知道他们需要知道什么。例如:

All staff will need their monthly forecasts for the next three months. They will also need their sales figures for last month. Jane, please bring the overview on sales; Bill, please bring the latest figures from the competition. Everybody should read www. anyshop. com/salesfigures2018 before attending.

(所有员工都需要对未来三个月进行月度预测。还需要他们上个月的销售数据。简,请介绍销售概况;比尔,请介绍比赛的最新数据。每个人在参加之前都应该阅读 www. anyshop. com/salesfigures2018。)

简短,但信息丰富,是完美的商务电子邮件的写作秘诀。

(三) 商务信函

与商务电子邮件相比,虽然一些规则也同样适用,但商务信函是一种更正式的沟通方式。首先,要确保遵循正确的英语格式。许多商人都是传统的人,他们重视信件格式的正确安排。使用商业信函纸,如果你没有这种信纸,把你的地址写在右上角。你应该在标题或你的地址的结尾处的左边写下收件人的姓名和地址,并写上日期。

如果你不认识你要写信的人,信的开头是"Dear Sir or Dear Sir/Madam"(亲爱的先生或亲爱的先生/女士),信的结尾是"Yours faithfully"

(你忠实的)，然后是你的名字和签名。如果你认识你要写信的人，那么你可以以"Dear Mrs Smith or Dear Jill"（亲爱的史密斯夫人或亲爱的吉尔）作为开头。由于这是一封正式的商务信函，落款应该是"Yours sincerely"（你真诚的），然后是你的名字和签名。信的内容是正式的，但表达方式应该是友好的，并且应该在开头简要介绍写信的目的。例如：

Dear Sir，

I am writing with reference to your recent request for information regarding changes to transport links in your region.

（亲爱的先生：

我写信是回复你最近要求提供有关你所在地区交通链接变化的信息。）

它应传达本信函的目的。例如：

I can confirm that the new railway station will open on December 9, and that buses on route 62, which pass your office, will stop at the station. It is expected that the new station will increase traffic in the area and your clients may therefore need more time to reach your office, and find parking space.

（我可以确认，新火车站将于12月9日开放，经过你办公室的62号公路上的公共汽车将在该车站停靠。预计新车站将增加该地区的交通流量，因此你的客户可能需要更多的时间到达你的办公室，找到停车位。）

信的结尾应允许收件人在需要时寻求更多信息。例如：

I hope that this answers your question. There are more details on our website：www. moretraffic. com and I am happy for you to telephone me at the number above if you have further concerns.

（我希望这能回答你的问题。在我们的网站www. moretrafic. com上有更多的细节，如果你有进一步的担忧，我很高兴你能打上面的号码给我。）

（四）为说服而写作

无论是电子邮件、信件、广告还是其他形式的交流，大多数商务写作都试图让客户更频繁地使用你的商业服务或产品。说服客户的写作技巧灵活且多样化，但仍然有一定的规则。

首先，概述问题。客户需要一个理由来使用你的业务。例如，一家管道公司很久未寻找到水管工：

Have you been looking for a plumber for weeks, but can't find one?

(你已经找水管工好几个星期了，但是找不到？)

这句话通过提问的方式来确定客户所面临的问题。

其次，即使是在紧急的时候，也要尽快给出解决问题的方案。

All plumbers guarantee to respond to your inquiries and will organize a visit to give you a quote within 48 hours of contact. Usually, we can respond within a day. And we do not charge emergency prices for this service.

(所有水管工保证回复您的询问，并将在48小时内组织一次访问，向您提供报价。通常，我们可以在一天内做出反应。而且我们也不对这项服务收取紧急费用。)

最后，这种类型的商业写作将以行动号召结束。例如：

Make a note of our contact details and get in touch next time you need a plumber. You won't be disappointed.

(记下我们的联系方式，下次你需要水管工时，请与我们联系。你不会失望的。)

总之，使用商业写作技巧的关键是保持信息简短，要点明确，因为人们没有时间或倾向去阅读长信件。

三、商务英语写作教学策略

长久以来写作被看作是英语学习过程中的一个关键技能，它的重要性体现在能够加强学生所学习的语法结构和词汇知识。因此，学习者需要有充足的时间来不断完善和提升他们的写作能力，这也表明应当在英语课程中投入更多的时间，帮助学习者为现实生活及学术场合的有效沟通做好充分的准备。让学习者在不同情境下参与写作是实现这一目标的极佳方式之一。

(一) 关注写作思想的表达

众多研究表明，商务英语学习者为了能够成功地撰写出符合商务语境的英文文章，需要接触不同的文体、策略和写作方法。同时，研究也发现学生在商务英语写作方面的成绩通常低于其他学科领域，写作是第二语言学习中最后需要大幅提升的一个领域。研究者已经识别出导致这一问题的多个因素，其中一个关键因素是学生对自己作为写作者身份的自我感知。对许多商务英语专业的学生来说，成为一名熟练的英语写作者是一个挑战，因为他们往往认为自己无法写出高质量或地道的英文。这种无力感可能导致他们在写作时产生自我怀疑和焦虑，进而阻碍他们提高写作技能。

研究人员指出，真正令人畏惧的不是写作任务本身，而是来自教师和/或同伴对作品的反馈和评价。教师所提供的反馈类型在减轻商务英语学生的写作焦虑中扮演着至关重要的角色。那些以分享个人经验、讨论学生观点并要求补充信息为反馈方式的教师，能够成功地降低学生的挫败感，从而增强他们的自信心。

(二) 充实写作前期准备

激活学生的已有知识是教师在学生商务英语写作之前可以采取的一种辅助手段。让学生在写作任务启动前有机会思考他们已掌握的知识，有助于将新信息与现有的知识框架结合，进而唤醒其长期记忆中的内容。我们可以运用多种策略来实现这一目标，包括创建信息图谱、进行协作学习、朗读和小组讨论等。

信息图谱作为一种视觉辅助工具，可以帮助学生记录或绘制出他们对某个特定主题已知的信息。通过这项活动，教师能判断是否需要进一步的指导。这时，朗读、合作学习和小组讨论就显得尤为重要。如果必要，可以通过精心挑选的文本来提供额外的背景知识，这可能需要组织小组讨论来完成。对于商务英语学生来说，合作学习同样是一个获取更多背景知识的极佳策略。这种方法要求学生在与其他同学或小组合作时,从书籍、互联网或同伴那里搜集所需信息。

(三)运用支架式学习法教学

第二语言写作者在语言基础上与母语为英语的人存在显著差异,后者能够凭直觉掌握语言运用。因此,对于商务英语学习者来说,词汇量往往成为一个重大挑战。教师需要为学生提供关键词的定义和语境信息,并应鼓励学生积极参与到对单词含义的深入探讨中。如果没有这样的准备,大多数商务英语学习者将难以进入写作任务的下一阶段。支架式学习是一种教学策略,它利用学生的优势来辅助他们的学习过程。这些支架应该是具体的、社会性的和临时性的结构,旨在支持特定领域,如商务英语写作的成功学习。支架式学习通常先示范步骤,然后让学生有机会自己尝试后续的步骤。这种方法能够培养学生独立的心态,使他们在写作技能上逐步达到预期水平,而整个过程当然是由教师来调控的。研究显示,接受支架式学习法指导的商务英语学生在商务写作方面的表现与未接受此方法的学生相比有显著的提升。

(四)技术助力写作教学

技术整合的兴起极大地推动了第二语言阅读和写作教学的进步。这种对二语教育的综合化反映了从行为主义学习模式向建构主义学习模式的转变。这些最新进展表明,随着计算机和其他新技术的出现,读写能力正在迅速演变。因此,教师面临着跟上这些发展并提高课堂效果的压力。这不仅有助于激励商务英语学生参与阅读和写作活动,而且已被证明有助于培养学生的写作技能。另一个方法是使用在线讨论板。通过在线讨论,学生能够与教师交流并获得同伴反馈,练习对话技巧,以完整的句子来表达自己。同伴反馈是成为熟练英语写作者最有影响力的方法之一。

总的来说,教师可以利用各种科学技术激发商务英语学生的学习热情,并鼓励他们在写作课上取得成就。当学生有机会为真正的意义构建和信息共享而写作时,即使他们刚开始使用尚未完全掌握的第二语言,也能享受到写作带来的好处。

四、商务英语写作教学的跨文化培养

教师教授英语写作不应仅限于语言的词汇应用和句子结构的机械性语法要点。近年来，人们越来越关注写作在不同语境下的特点。不同的文化采用不同的修辞策略进行写作。因此，了解特定文化写作实践中的差异将有助于商务英语作者学会有效地为目标受众写作。

（一）商务信函的文本属性

商务英语是职业英语（EOP）的一个分支，同时也是专门用途英语（ESP）的一个子领域。它涵盖了四种主要的沟通形式：谈判、会议、电子邮件和商务信函。尽管现代通信技术已经取得了显著的发展，但商务信函仍然是商业交流的主要方式。在商务信函这一类别中，可以细分出一些通用的子类别，如交易、请求、供应和促销等。

根据巴蒂亚（Bhatia）的观点，促销信件通常是主动发送给潜在客户（可能是个人或公司）的信件，旨在说服他们购买产品或服务。由于这些潜在客户中的大多数可能对推广的产品或服务不感兴趣，因此，撰写这类促销信件的作者不仅要吸引他们的注意力，还要激发他们的兴趣，并最终让他们相信所推广的产品或服务的优势，这无疑是一项具有挑战性的任务。

（二）商务信函的修辞策略

1."以对方为导向"与"以自我为导向"

英文和中文销售信函在语言使用方面的区别在于信函的定位倾向。根据巴蒂亚（Bhatia）的说法，为了建立公司的信用资质，商务写作的作者会参考读者的兴趣需求，这是一种"以对方为导向"而建立信用的方式。另一种方式是聚焦公司本身的声誉，这是"以自我为导向"建立信用资质。

中文的商务信函作者在整封信中大多采用"以自我为导向"的方式，经常谈论自己和他们的成就。这是通过强调公司的成就和长期经验来完成

的，说明公司的产品在不同的国家使用，表明服务由来自世界各地的专家提供。

英文商务信函的作者大多采用"以对方为导向"的方式，不断谈论读者的需求和兴趣以及满足这些需求的方式。他们首先会提醒读者自身的需求或兴趣并询问他们一些相关问题，然后向他们表明作者知道他们的兴趣或需求并且他/她可以帮助他们。这可以是询问读者的需求或兴趣的问题形式，也可以是陈述形式。

2. 劝说策略的使用

一方面，在"标题"和"后记"这两个典型的英文信件组成部分中，包括了最有吸引力的信息，以说服读者购买该产品或服务。在典型的与英文信件背道而驰的"介绍"中，作者试图通过寻找与读者的共同点来与他们建立密切的关系。另一方面，"问候"和"主题"是中国销售信函中典型的公式化动作，在其他商业信函中也可以找到。所以它们是一种固定的范式，与促销信的本质无关。

另外，关于中英文销售信中常见的其他说服性策略，即"提供奖励"和"使用压力战术"，相比中文推销信作者，英文推销信作者更经常运用这两种策略。

这两个事实清楚地表明，中国的销售信中缺乏说服性策略。这意味着他们几乎没有在信中使用说服策略，以说服读者购买他们的产品或服务。这可能是因为他们缺乏对这些策略的了解，也可能是因为他们认为没有必要在信中包括所有的细节，因为这些细节可以在以后的商业信函中再进行商榷。

3. 公式化结构的使用

在英汉商务信函的撰写上，一个显著的差异在于对某些固定表达方式或词汇的运用。汉语商务信函作者倾向于使用格式化的、传统的表达方式和词汇，而英语商务信函作者则偏好采用更灵活的语言风格。另一个显著差异表现在信件的正式程度上。在中国的商务信函写作中，人们往往使用非常正式的语言，频繁地使用敬语和尊称，并且在中文信件中广泛使用条件句、间接表达以及动词复数形式，有时甚至会用第三人称代词或被动语态，以避免直接称呼收信人。相比之下，英语书信作者较少使用过于正式的语言，他们通常采用接近日常对话的语气，有时甚至直接使用第二人称来称呼收信人。

在中文商务信函中，公式化结构和敬语的频繁使用反映了中国人倾向于采取较为正式的语调，而英文信件在写作风格上显示出更多的灵活性，通常采取非正式的语调。一方面，这种现象可以解释为中文写信人倾向于采取保守的礼貌策略，通过强调与收信人之间的距离，利用敬语和间接表达（如被动语态和条件句）来表示对对方的尊重。另一方面，英语信函作者则更倾向于采取积极的礼貌策略，通过采用对话式的语气和直接的表达方式，将自己和对方视为平等的交流伙伴。

（三）对教学的思考

在对比分析了英文和中文商务信函的写作结构之后，我们观察到，不论是英文还是中文信件，它们都利用了各自文化中共通的社会价值观及特有的文化价值和规范来实现其既定目标。无论是英文还是中文商务信函，其主要宗旨均在于推广产品或服务。除此之外，这些信函还追求由各自社会和文化背景所塑造的特殊交际目的。因此，每种类型的信函采用的独特写作手法主要是基于这些特定目的而形成的。

有效的商务信函撰写对于高效商业运作至关重要。作为商务信函的作者，主要职责是理解信函内容对于那些希望在国际商业环境中进行沟通的人可能具有的理论与实际意义。费德曼提出了一个关于体裁教育的重要问题："是否可以以一种对学习者有益的方式解释与写作体裁相关的复杂的社会、文化和修辞特征网络？"因此，对于从事教育工作的人来说，问题是如何使用现有的研究成果来实施跨文化体裁分析，并探索提升学生跨文化应用能力的方法。要回答这个问题，就需要了解不同体裁方法和体裁教学的背景知识。

第二节　互联网时代商务英语阅读教学

阅读对于任何人的商业成功都很重要。书籍和文章会给我们带来新的想法，教会我们新的技能，也会间接地提高我们的英语写作和口语表达能力。为了学好英语，我们必须大量阅读。对于以中文为母语的学习者而言，商务英语的阅读还会因为文化差异，带来更多理解上的困惑甚至障碍。在跨文化视角下，商务英语阅读的教学创新路径也值得我们深思。

一、商务英语阅读概述

商务英语阅读，与普通英语文本的阅读相比，既有共性也存在不同。二者在基本词汇、句型、语法的使用上都可一致对待，但两者的学习目的及应用背景是不同的。商务英语阅读在阅读材料的专业性、时代性上，都有其独有的特点。学习者应根据其特点，以阅读理论为基石，结合时代背景、行业特点等，总结阅读技巧，从而提升商务英语的阅读水平，实现学习目的。

（一）商务英语阅读的特点

在商务英语教学体系中，阅读环节占据核心地位，阅读能力是适应现代社会需求的实用型商务人才应培养的基础能力。通过学习和实践商务英语阅读，获取英语语言知识与商务专业知识同样关键。

首先，在研读商务英语文本时，会遇到大量行业特有词汇、术语以及各种缩略形式和复合表达，其中不乏新颖词汇，并且一些常用词汇可能根据上下文环境展示出多义性。

其次，商务英语文章为了确保逻辑严谨与内容连贯，常采用较长但结构相对规整的句子，如长句、并列复合句等常见用法。尽管句子长度有时偏长，但其语法构造相对直接明了，较少运用虚拟语气等复杂的语法结构。

最后，商务英语语篇具有显著的"7C 原则"，即 correctness（准确性）、conciseness（精练性）、completeness（完整性）、concreteness（具体性）、clearness（清晰度）、courtesy（礼貌性）和 consideration（体贴性）。对内容的要求体现在完整、简洁、具体和正确上；而遣词造句的标准则聚焦在清晰、礼貌和体谅上。在开始阅读商务文章前，熟悉这些语篇特性有助于读者更准确地把握全文主旨，避免偏离主题。

（二）商务英语阅读能力的提升途径

1. 积累专业知识

英文商业文章的内容往往与当时的政治、经济和社会背景密切相关。例如，许多商业文章可能会引用当时的法律条款或商业条款等。对于深入理解文章内容而言，了解这些背景知识至关重要，有时甚至可以弥补语言词汇不足的缺陷。因此，学习者应当致力于拓宽知识面，不仅要研读教材内容和某个特定领域的文献资料，还应当积极地广泛阅读涵盖时事、经济、政治等多元主题的信息资料。

2. 了解本国和其他英语国家文化

尽管许多商业术语简洁明了，但语言中蕴含的文化元素仍然至关重要。一个国家的文化往往通过文字得以传承和传播。例如，汉字承载了中华民族崇尚谦逊、礼节和追求和谐中庸的哲学观念。与此同时，作为全球广泛使用的语言工具，英语也揭示了英语国家的文化精髓，如进步理念、创新精神以及独立自主的传统价值等。

3. 培养阅读习惯

信息时代带来了从智能手机到电动汽车等各个方面的显著进步。然而，它也产生了一些不良效应。研究表明，技术使用的增加对阅读习惯和理解能力有负面影响。我们更倾向于从计算机或移动设备上获取信息，并且希望最重要的信息能够使人一目了然。培养更好的阅读习惯以获得更好的认知发展的理念，被越来越多的人所认同。只有这样，学习者才能从他们的教育中获得最大的收获。

二、"互联网＋"与商务英语阅读教学

现代第二语言习得理论普遍认同这样一个观点：学习者成功习得新语言是其内在认知心理机制与外部学习环境相互作用的结果。尽管学者们并未明确区分这两种因素的重要性等级，但大量的研究证据凸显了课堂教学在这一过程中的决定性影响。

（一）商务英语阅读教学的时代契机

商务英语专业在中国的大学中应运而生，背景是中国对外贸易的迅速增长以及中国加入世界贸易组织后全球化步伐的加快。商务英语阅读课程正是为了适应这一趋势而设立的。它不仅延续了基础英语阅读的内容，还要求学生在阅读过程中理解和掌握商务及外贸知识。作为基础英语阅读的后续课程，其目标是培养学生掌握商务英语文章的内容特点和理解技巧。近年来，企业对优秀商务英语人才的需求日益增加，为商务英语学生提供了广阔的平台。然而，这也对学生阅读商务英语材料的能力提出了更高的要求。

与此同时，全球化进程的加速与多媒体信息技术的日新月异为中国英语教育注入了新的活力与挑战。对于中国绝大多数英语学习者来说，课堂是他们获取语言的核心渠道，在这个背景下，有效利用多媒体教学工具对改善学习氛围至关重要。在中国这样一个非英语母语的社会中，英语学习超越了常规第二语言在自然语境下的习得条件。因此，构建一个高品质的语言教学环境显得尤为迫切和重要。

（二）商务英语阅读教学的现状

商务英语课程与其他课程相比，有一些独特的教学特点。首先，它不仅要求学生具备丰富的专业英语词汇量，还要求他们掌握相关的商业知识。因此，对于一些学生来说，理解含有大量专业商业术语的英语阅读材料可能会很困难。随着时间的推移，许多学生可能会对这门课程失去兴

趣，甚至放弃学习。其次，这门课程需要掌握一定的技巧。与其他商务英语课程相比，它可能显得有些枯燥和单调。如果教师不能找到一种激发学生兴趣的方法，那么这门课程将变得更加难以教授。

目前，商务英语阅读教学的现状并不乐观。这门课程在教学中存在很多问题。首先，受到一些传统英语教学方法的影响，许多英语教师只是指导学生将语言视为一套孤立的符号系统。其次，部分教师在课堂上没有重视教授学生科学的阅读方法。最后，有些教师将商务英语阅读课程当作普通英语阅读课程来对待，忽略了对阅读材料中背景知识和文本分析的介绍。

（三）创新商务英语阅读教学的时代需求

在这种背景下，结合信息技术和多媒体环境，一种基于二语习得理论并具有实用性的新教学方法显得尤为重要。首先，在信息爆炸的时代，教科书不应被视为唯一的知识来源。因此，学生需要在互联网和电子信息的帮助下，为课本中的各个单元设计广泛的课前活动。实际上，在上课之前，他们需要在网上或图书馆进行大量阅读，寻找有用的信息或发现自己的兴趣和问题。其次，在课堂阶段，学生将在预先设定的互动小组中相互合作，通过帮助和分享完成各种学习任务。对于商务英语专业的学生来说，语法和语言能力已经不再是第三学年商务英语阅读课程的核心。相反，学习商务文献并培养在虚拟商务世界中解决问题的能力才是以学生为中心的课堂的主要目的。

三、商务英语阅读教学的跨文化培养

正如前文所提到的，目前许多英语教师在商务英语课堂上采用传统的语法翻译教学法。这种方法不仅有助于学生深入理解商务英语的抽象词汇、复杂句子结构和语法体系，也能提高学生对商务英语的理解能力。

（一）图式理论的应用

图式理论是心理学领域的一个概念，它涉及围绕特定主题组织的知识如何被表示和存储。所谓图式，指的是人脑中的记忆结构，即认知结构或知识框架。我们每个人都有大量关于外部世界结构性知识的记忆，这些就构成了图式。在阅读过程中，人们会利用已有的知识和经验构建图式，并将其应用于理解所阅读的内容。因此，阅读可以被看作是一个将现有图式与阅读材料结合的过程。

1. 商务英语阅读中的图式分类及其特点

（1）语言图式。语言模式是指读者掌握和使用语言知识的能力。所有抽象的语言符号构成了阅读材料。读者可以在足够的语言图式的帮助下，识别这些抽象的语言符号并获得信息。语言知识水平不仅是学习者形成良好阅读水平的前提条件，也是内容图式和形式图式的基础。如果没有相应的语言模式，读者将无法识别单词、短语和句子，也无法利用文本的信息来调用内容模式和形式模式。

（2）内容图式。内容图式涉及与阅读材料相关的知识，也可以被视为背景信息，包括生活、教育和文化经验等。这些内容图式对阅读理解产生影响，意味着对阅读的理解不仅仅基于文字本身，还在于读者的主观理解。语言和文化是互相影响的，如果读者缺乏相关的内容图式，即不了解某些习俗、宗教或词汇的文化内涵，他们就无法有效地将语言图式与内容图式相结合，导致无法理解阅读材料。

（3）形式图式。形式图式，也称为结构图式或修辞图式，涉及对不同类型文本的修辞结构所具有的背景知识。简言之，读者对修辞结构的认识构成了他们的形式图式。这种结构不仅包括文本的布局，还涉及其连贯性。虽然每种文体的组织架构通常是固定的，其具体内容却各不相同。换言之，如果读者掌握了论述和论证等形式图式，他们就能明白文章的核心论点以及段落间的逻辑联系。这有助于读者更快地理解文本，并提高阅读速度。

2. 图式理论在商务英语阅读中的作用

（1）预测。图式的关键作用之一是使我们能够进行预测。借助我们现有的知识和经验，我们能对生活中即将发生的事件做出预判。例如，看到"冬天"这个词时，我们脑海中自然会浮现出"寒冷""冰冻"等词汇；而面对"春天",我们可能会想到"鲜花"。图式的存在有时甚至让我们无须继续阅读文章,就能根据作者的用词推测接下来可能出现的内容。同样地,图式也能基于先前获取的信息,为我们提供关于阅读材料的额外线索。虽然这些预测不总是准确的,但它们可以填补信息缺失的部分,并启动下一个相关图式。

(2)信息处理。信息处理涉及对输入材料的挑选、修改、增补、评估和逻辑推理。读者可以从两个角度来对待这些材料。实际上,读者脑中的阅读材料是分层次的。这可以比作一棵大树,其中包含关键知识点的强大根系是基础;树干代表核心内容,许多细节都围绕它展开;而枝叶则象征那些在阅读时常常被忽略的细节。因此,我们应该始终利用图式来筛选和处理信息,并将其与既有的图式结合,形成新的图式。

(3)组织记忆。在商务英语阅读过程中,理解和记忆之间存在紧密的联系。通常情况下,我们能够更好地记住那些我们深刻理解的信息,并且这种记忆能持久保持。图式理论家认为,现有的知识框架在商务英语阅读中有助于人们把握阅读内容的意义,尤其是那些与商务相关的概念。随着时间的流逝,新信息的表面结构可能容易被遗忘,但是更深层次的内容会被整合进既有的图式中。

(4)提高阅读理解能力。图式理论指出,先前的知识和经验有助于读者理解新的物体、概念和事件。随着认知的变化,图式结构也会相应地发生变化。阅读理解实际上是读者自身的语言图式、内容图式、形式图式与作者在文本中表达的信息之间的相互作用过程。如果这些要素之间有许多共通之处,读者就能更顺畅、高效地理解文本。相反,如果互动受阻,理解就会遇到挑战,阅读理解的效率也会下降。安德森提出,阅读理解能够激活并构建一个与话语内容一致的图式。

总的来说,图式理论着重指出在商务英语阅读理解中运用背景知识的关键作用。学生们通过研习经济学原理、掌握国际贸易体系以及日常生活中的见识等途径,逐渐构建起一套商务相关的认知结构,即图式。利用这些内化的图式资源,学生能够更加高效地提升其商务英语阅读技能。

在实际阅读活动中，与文本内容紧密关联的图式会在解析过程中发挥补充和引导功能，有力地帮助学生更好地领悟所读材料的深层含义。鉴于此，商务英语教师应当积极调动商务领域的专业知识，指导学生构建并激活那些与特定阅读素材息息相关的图式框架。在这个教学互动的过程中，学生将逐步实现对阅读材料全方位的认知把握。

（二）关联理论的应用

由于阅读被认为是交流的一部分，我们有理由将阅读过程与关联理论联系起来，这为阅读理解提供了一个统一的、连贯的理论框架，可以被视为阅读教学的理论基础之一。

1. 基于关联性的阅读理解框架

（1）阅读：推理过程。明确表达推理过程在阅读活动中确实是实用的。作者的明确表述旨在实现两个目标：传递信息和进行交流。首先，阅读活动是以明确性为导向的，因为读者通常会假设作者的内容与他们的认知背景中储存的先前知识有充分的联系。此外，阅读理解实质上蕴含了一个逻辑推理的过程，在这一过程中，读者以自身知识体系中已有的信息为依据进行演绎与推断，从而促进有效的沟通。

（2）阅读：追求最高关联契合度。在实现沟通目标的过程中，信息发送者会竭力找寻最贴切的相关性连接。在进行阅读理解时，作者会依据其写作意图和对读者认知水平的预期选择最为适宜的表达手段。然而，在特定情境下为了达成某种微妙意图，作者或许会选择较为含蓄或看似非直接相关的表达途径，而这些选择正是基于当下情境判断出的最佳策略，被认为与作者的交流意图最为吻合。换言之，为了确保信息传达的有效性，作者不仅需选取内容上紧密相关的表述，还需精心挑选能最大限度融入特定情境的语言形式。

（3）阅读：构建适宜语境的选择。关联理论认为，语境是在理解过程中逐步建构的心理模型，其选取由读者感知到的相关程度决定。威尔逊（Wilson）进一步强调，语境构建涉及一系列在探寻预期解释时形成的假设链条。在阅读理解这一环节,这些语境假设可能源自文本的前文提示、对周围环境的观察,抑或文化背景知识的影响。不过,能否准确理解文本在很大程度上取决于这些假设在所设定语境中的适用性和合理性。

2. 关联理论对商务英语阅读理解的启示

(1) 对词汇理解的启示。

例1:

A:"The aggressive plan of Dell is beginning to pay off." he said with a bright smile.

("戴尔的积极计划开始得到回报。"他带着明亮的笑容说。)

B:He has paid off all the money he borrowed from the bank.

(他已经还清了从银行借来的所有钱。)

例2:

A:Dell company is well on its way to becoming a major player in China.

(戴尔公司正顺利地成为中国市场的一个主要参与者。)

B:He is the best running player in 100 - meter race in the history.

(他是历史上最好的百米赛跑运动员。)

很显然,例1中的短语"pay off"和例2中的单词"player"是多义词。作者之所以有意选择使用这样的表达方式,是因为作者认为,与关联性原则相一致的标准可以给读者提供一种方法,来构建正确解释其信息意图的假设。正如预期的那样,通过利用他们的认知能力和语境资源,读者可以从提供的证据中推断出作者的意图。

那么,在关联性原则的帮助下,我们如何才能找出例1中"pay off"这个短语和例2中"player"这个词的正确解释呢?正如我们所知,人类的交流和认知是由对关联性的寻求所支配的。显然,字面编码的词义不能满足我们对关联性的期望。因此,我们必须缩小或放宽每个词的含义,直到它足够相关,符合关联性原则。在我们长期记忆中的百科全书条目中,例1中的"pay off"的概念是指"对对方或银行的最后付款"。然而,经过对该句子的分析,读者发现百科全书条目的意思与B中的意思正好重合。

然而，在 A 中，语境假设已经发生了变化，那么，读者的任务就是要构建关于单词和短语意义的可能的解释假设。在 A 中，句子的主语是计划，它为与旧信息相矛盾的假设提供了一个前提。同时，读者可以根据"a bright smile"（灿烂的微笑）这一细节来推断作者的意思，这带来了巨大的语境效应。因此，读者可以得到这个句子的最佳关联性，并推断出戴尔的计划已经开始生效了。

在例 2 中，我们倾向于把"player"解释为"正在做运动或演奏某种乐器的某个人"。如果读者把这个意思运用到 B 中，读者会发现这个意思与储存在他们记忆中的意思是一致的。然而，当考虑到每个句子都是与作者的能力和喜好相适应时，我们必须调整字面意思，以便为每个句子找到符合关联性原则的适当解释。所以在 A 中，"player"的含义打破了读者的传统认知，是指"一个主要的竞争性计算机企业"。

总而言之，关联原则对词义的解释有一定意义。它不仅可以帮助阅读者确定多义词的最佳相关意义，还可以推断出技术术语的可能含义。

（2）对句法特征的启示。关联理论认为，一个以相关性为目标的交流者必须对接受者的认知能力和背景资源做出一些假设，这些假设必然会反映在他的交流方式上，特别是反映在他选择明确的内容和选择留下隐含的内容上。斯珀伯和威尔逊提出的这个概念可以解释作者对句子长度的安排。在商业信函和电报中，当作者假设和他的隐含读者共享必要的语境假设时，他就会写出短而精的句子。相反，如果他认为他的隐含读者缺乏必要的语境假设，他就会不厌其烦地写出长而详细的句子。

（3）对语篇连贯的启示。如前所述，商务英语语言的书面形式可以是信函、年报、商业期刊文章等。在某些商务活动中，信息有时具有暗示性，这就要求读者具备全面熟悉各类商务话语的能力。

（4）对修辞手法的启示。使用修辞手法是使交流生动和轻松的一种方式。在商务英语中，在某些特定情况下作者可能会出于某些特殊目的使用修辞手法，如在商业信函、报告甚至广告中。一直以来，理解修辞手法总是要求读者在某种情况下付出更多的努力。

(三）合作学习理论的运用

尽管各学者的定义不同，但他们都强调合作学习的关键是学生为教育活动而进行的互动与合作。合作学习是利用小组成员之间的分工，实现共享资源、相互支持、有效学习。为了刺激学习效果，教师通常会利用小组竞争和以小组为单位的评估来创造社会和心理氛围。通过合作学习，学习机会将变得平等，学生的学习动力将变得更强。

1. 合作学习的基本要素

约翰逊（Johnson）归纳了合作学习所包含的五大核心组成部分：积极的相互依赖关系、个人担当、社交技巧、团队运作机制以及组内多样性。

（1）积极的相互依赖关系。在合作学习框架中，积极的相互依赖关系体现了团队成员间的正向联系。这意味着每个成员都应深刻认识到自己与团队其他成员是共享成功与挑战的命运共同体。简而言之，这种积极的相互依赖关系意味着每位成员对整个团队同伴的表现负有责任。

（2）个人担当。合作学习的核心目标之一是培养独立而强大的个体参与者。个人担当要求为团队中的每个人分配明确的任务，并确保团队的成功维系于所有成员的贡献。社会心理学的研究证据表明，在缺乏清晰的责任分工时，成员往往容易从团队活动中抽离，故个人担当是合作学习不可或缺的一环。

（3）社交技巧。导致合作学习小组失败的主要原因之一是组员间缺乏有效的协作能力。问题并不在于学生缺乏合作意愿，而是他们不具备必要的合作方法，即社交技能。因此，在传授学科知识的同时，教师应当注重教授学生基本的社交技能，以便他们更好地协同工作。

（4）团队运作机制。团队运作机制涉及团队对其集体活动进行自我审视与改进的过程。为了提高团队效率，合作团队必须定期审查并评估团队内部的合作状态。这就是所谓的团队自我评估，其目的在于教导团队学会高效合作。在此过程中，团队成员应当探讨以下议题：首先，总结及澄清已取得的有效经验；其次，深入分析存在的问题及其成因；最后，设定下一步要实现的具体目标。

（5）组内多样性。组内多样性的原则主张在组建合作小组时，应确保小组成员具有多元化的背景和能力。一个异质性的团队能促使不同能力层次的学习者相互补充、共同进步。这样的多样性有助于引入更丰富的信息资源和观点碰撞，从而促进更深层次的认知理解。

2.合作学习的主要模式

经过多年的研究和探索，已经形成了多样化的合作模式。以下是目前合作学习的主要模式。

（1）学生小组成就区分（STAD）。STAD模式是由斯莱文（Slavin）开发的。学生小组成就区分是一种典型的合作教学模式。根据学生的能力，将学生分成小组，每个小组有4到5名学生。这种模式试图强调学生在能力、性别及其他社会或心理方面的巨大差异。这种团队划分是一种异质性的划分，每个团队的结构与整个班级的结构相似。这种模式利用演讲法和讨论法来学习新课本，要求学生完成作业。作业的评价是以小组为单位进行的。

（2）团队—游戏—锦标赛（TGT）。TGT模式与STAD的模式类似，学生也被分成小组，每个小组拥有5名左右的学生。每个团队是异质性团队，每周有一次比赛。教学过程如下：起初，1名教师上一堂课，同一团队的成员一起学习。评估随时进行，以判断每个团队的学习状况。团队练习结束后，用能力分级法进行总结评估。每个团队中程度相近的成员将被选为竞争者。

（3）小组调查。小组调查是由夏朗（Sharan）提出的。将教学内容分为几个主题。每个小组准备并讨论他们所负责的主题。然后他们向其他小组的学生报告。对学生的评估，是基于团队报告的质量和其他相关小组的表现。这种模式强调合作和分享小组努力的成果。

（4）拼图。拼图是由阿伦森（Aronson）提出的。它为全班同学准备了5个问题，全班同学被分成几个小组。每个小组有6名学生。在每个小组的 6 名学生中，5 名学生负责不同的 5 个问题，另 1 名学生在某学生缺席的情况下作为替补。负责同一问题的代表组成"专家小组"，对问题进行研究和讨论，以达到熟练的程度。

（5）共同学习（LT）。在这个模式中，学生被分成小组，每个小组由 4 到 5 名学习能力不同的学生组成。每个小组需要交一份作业，分数以小组为单位给出。教师根据整个团队的表现来表扬和奖励学生。团队中的学生被要求进行活动讨论，并进行角色扮演，目的是使团队获得高分。这种模式强调在学生一起学习之前建立的活动，以及对团队成员活动的定期讨论。

（6）学习者共同体（FCL）。学习者共同体教学模式是过去 20 年间在美国兴起的一种协同学习方案。在该模式下，教师会选定一个特定主题，随后让学生自由组建 5 个研究小组，每个小组有权选择并深入探究一个相关子话题。经历一段自主研究阶段后，包括查阅文献、利用计算机资源以及咨询专家意见，各个团队将汇聚一堂，运用互动传授、拼接知识或竞赛问答等方式，向其他团队成员展示和交流所学内容。其终极目标在于确保所有学生对这一主题形成全面而深入的理解，并借此过程培养学生的积极性、自我成就感及批判性反思能力。

3. 合作学习与商务英语阅读教学

经过广泛的应用，合作学习被普遍认为是一种积极有效的教学方法。西方和中国的教育家和教师都提倡外语合作学习。合作学习因其坚实的理论基础和具体的模式而被广泛运用。

商务英语阅读是一门棘手的教学课程，现状不容乐观。其原因是多方面的。对大学生来说，他们的专业词汇量较少，缺乏一定的商务背景知识，此外，他们还有一些不良的阅读习惯；对教师来说，由于受传统教学方法的影响，教师习惯于采用"以教师为主"的教学方法，学生在课堂上练习阅读技巧和阅读习惯的机会很少。

第六章 互联网时代商务礼仪教学与教学机制

第一节 互联网时代商务礼仪教学

一、商务礼仪概述

当前,远程办公已普遍成为众多公司的标准工作模式。为了视频会议,我们精心打扮以保持专业形象,通过公司的通信网络与他人保持紧密联系,并积极参与与工作相关的线上活动。这些行为均是商务礼仪的重要组成部分,它们对于维持我们的专业姿态至关重要。

(一)什么是商务礼仪

商务礼仪构成了一套在商业互动中指导行为的社会和职业准则。这些规范对于追求事业发展的商务人士来说至关重要,因为它们不仅有助于展现其个人价值观和信念,而且能够优化企业形象。企业倾向于聘请那些能够体现尊严与专业主义的人才,因为这些人往往代表着公司的形象。无论是与客户建立联系还是进行洽谈,恰当的商务礼节都至关重要,它有助于塑造积极的第一印象。商务礼仪的实践不仅表达了对他人的礼貌与尊敬,也同样体现了自律和高效的情绪管理能力。它的重要性在于营造一个专业且相互尊重的工作环境,从而促进有效沟通,这对于确保商业交易的成功至关重要。当人们感到被尊重时,他们对自己的岗位会更加满意,这种正面效应最终会转化为更牢固的客户关系。

（二）商务礼仪的类型

1. 商务会议礼仪

商务会议礼仪指的是在工作场所的会议中人们的预期行为。它确保人们在会议上有专业的行为，尊重他人的时间和精力。以下是一些应该遵循的正确会议礼仪。

（1）始终保持准时。如果迟到了，请道歉并坐下来，以避免打断会议的进程。

（2）许多会议组织者都会事先发送一份会议议程，以帮助与会人准备和衡量预期。参会人应为自己的会议做好准备并遵循议程。

（3）注意你的身体语言。无论你是在演讲还是在参加会议，都要避免不当的肢体语言给他人造成分心的影响。

2. 工作场所的礼节

如何在同事、经理和主管面前表现自己，会影响人们的职业发展。工作场所的礼仪是职业成功的基础。以下方法可以确保你在工作场所适当地展示自己。

（1）在工作中保持开放的心态。灵活对待新的想法、思路和同事的不同观点。

（2）了解工作场所的文化和标准的行为准则。尝试学习现有的政策和程序。

（3）很多时候，我们会不假思索地评价我们的同事，最终产生不愉快的讨论。但是，在工作中应尊重同事、经理和主管，并平等地对待每个人。

3. 电子邮件礼仪

良好的电子邮件礼仪可以改善职业关系和个人声誉。我们需要遵循某些原则来展示良好的电子邮件行为。以下是撰写专业电子邮件时应遵循的一些最佳做法。

（1）争取在收到邮件的 24 或 48 小时内回复，因为及时的反馈会给对方留下更好的印象。

（2）保证邮件内容简短，避免使用可能使读者困惑或不解的词语。

（3）在发送邮件之前，一定要校对邮件内容是否有语法错误，避免粗心造成不良影响。

4. 电话礼仪

电话礼仪是我们展示良好礼仪的一种方式，并能够代表你自己或你的企业。积极的互动会给人留下持久的印象，对商业成功很有帮助。以下是一些培养良好电话礼仪的有效策略。

（1）尽量不要说得太大声或太小声，确保对方能听清且声音不会过大。

（2）尽量在电话铃声响起两三声内接听电话。如果你错过了一个电话，立即回拨过去。

（3）如果你正在进行电话会议，而你没有发言，请将自己的手机调成静音，以免造成任何不必要的干扰。

（三）商务礼仪的重要性

恰当的商务礼仪让企业呈现最佳形象，并通过设定一系列行为准则保护企业主与员工的利益。这些礼仪准则指导个人在各种商业互动中尊重所有参与者并展现得体的举止。

1. 增强印象

在商业互动中，个人在社交和专业环境中的行为举止会影响别人对其个人品质和商业技能的看法。例如，如果在商务交流时不懂得如何恰当地握手或交换名片，他人可能会对你处理业务的专业性产生怀疑。遵循恰当的商务礼节不仅能够向其他行业人士展示我们与他们不相上下的专业水平，而且无论是在团队会议还是私下一对一的交流中，都能够显现出我们的自信与从容。

2. 建立牢固的关系

专业的行为举止有助于在管理层、员工及客户间构筑稳固的纽带，因为恰当的礼节涉及与每个人诚信且公正的往来。商业往来中展现出的诚实正直是一种备受赞赏和认可的特质。例如,当一个经理向客户坦白其犯下的错误,而非企图隐藏时,客户很可能会感到受尊重,并在未来对这个经理及其代表的公司抱有信心。通常而言,人们倾向于喜欢那些彬彬有礼的人,并且更愿意从他们那里购买产品。

3. 丰富工作关系

商务礼仪的核心在于尊重他人,它能够为高效且文明的企业氛围奠定基础。许多商务礼仪的基本准则实际上就是常规的礼貌行为。例如,参加会议时不查看电子邮件或手机、与人交谈时不接听电话、不擅自闯入别人的办公室、不大声讲话、不使用扬声器通话等。此外,遵循礼仪规则有助于减少工作场所的干扰,如闲言碎语或性格冲突。

4. 营造积极的气氛

积极的工作环境往往源自对商业礼仪的坚守。当管理团队和员工以商业礼仪所倡导的尊重互相对待,便能营造出一个正面的工作氛围。例如,员工若发自内心地感谢同事的努力,会使办公环境更为和谐。在舒适的环境中,员工更有可能提升工作效率,更好地协作,并保持积极态度来推广其产品或服务。

5. 彰显自信

适当的商务礼仪同样是自信的体现,因为这样能够给人团结一致,懂得如何表达以及表达什么的印象。例如,当员工面对愤怒的客户时,他们可以将客户引导至一个私密办公室或空间,并认真倾听客户的担忧。他们应当以平和且尊敬的方式与客户交流,这样可以使客户感到放松。这种自信的处理手法有助于提升公司的市场竞争力。客户在与展现出杰出商务礼仪的经理或其他员工互动时会感到更加安心。

6. 促进业务增长

掌握商务礼仪的基础知识能够开启多种职业发展机会。这种软实力通常像商业头脑一样,受到潜在客户和同事们的评价。一个擅长交流、能在不同职业场合应对自如的人,往往比沟通能力较差的人更容易赢得他人的信任。遵守商务礼仪规则能帮助我们在紧张的会议和商务午餐中更好地展现自己,同时提升我们的适应力和人际沟通技巧。

(四) 商务礼仪的基本要素

1. 准时

不管是参与面试还是日常会议,在职场中守时出席显示了你对他人时间的尊重。如果你以往没有把守时放在首位,那么尝试学习一些时间管理的方法,让自己井然有序,清楚自己的任务清单。准时到达在不同文化中可能有不同的含义,有些地方的文化习惯是事情稍微延后。但若不确定,最好按时出现,并在需要的时候作出相应的调整。

2. 认可团队

在职场中,表示感谢是一种恰当的商务礼仪。无论是在商务晚宴或会议上,当有人进入房间时,都应通过握手或其他文化上合适的方式适当地迎接和问候他们。即使在家工作并参与日常会议,也应遵循相同的礼节。认可团队成员,能够在表明自己在倾听的同时,也让他人感受到被重视。

3. 穿着得体

着装是否得体往往取决于你是在办公室工作还是在家工作。有些公司要求员工每天到办公室上班,他们可能会期望员工穿着商务休闲装,特别是当工作涉及与利益相关者或客户直接交流时。而其他一些在不同环境下工作的公司可能更鼓励员工穿着随意一些,以此来提升舒适度和工作效率。如果你对自己的商务装扮是否合适存有疑问,不妨向你的经理或主管寻求建议。

4. 尊重共享空间

即使你大部分时间是远程工作,有时也可能需要进入办公室或与团队成员在线上协作。共享的办公空间可能包括厨房、洗手间、打印复印区以及休息室等。而在线上,你可能会使用文件夹和项目管理工具等虚拟空间。如何管理这些共享空间会直接影响到你作为专业人士的形象。因此,重要的是要正确标记个人物品，保持环境整洁，并尊重那些同样使用这些空间的人。

5. 培养情商

情商涉及识别、管理和理解自己以及他人的情绪。掌握情商技巧能够帮助你在团队中建立共鸣并应对各种挑战。虽然情商并非商业礼仪的直接组成部分，但在职场中，无论面对何种冲突，它都能为你提供帮助。例如，如果你的工作进度已经落后，而上司又突然给你安排了一个紧急的大项目。若你具备情商能力，你便可以与经理沟通，了解工作的优先顺序。鉴于你的工作已经滞后，你可以表达对工作量过大的担忧，并与经理共同探讨解决方案，例如哪些任务可以延后处理或者将一些不那么重要的工作委托给他人。

二、文化差异对商务礼仪的影响

世界每天都在变小。技术和通信以惊人的速度创造了打破边界的可能性。在商务往来中，文化多样性的出现，为商务礼仪行为以及商务礼仪教学带来了新的契机与挑战，但是在所有的商务互动中，文化差异都应被接受和理解。

（一）商务礼仪的文化多样性

我们都知道，在整个世界范围内，商业交易是每天都在发生的。不同的国家在做生意时有不同的礼仪规则，这可能看起来不是什么大事，但礼仪可以表明你熟悉并尊重那个国家的社会规范。从交换礼物，到与商业伙伴共进晚餐，如果你希望你的商业会谈获得成功，应该遵守相应的礼仪。

1. 餐桌礼仪

当在餐桌上进行商务谈判时，遵循和尊重不同文化的饮食习惯是必要的。例如，在印度，牛被视为神圣动物，因此在任何场合都应避免食用牛肉，点牛排不仅不合适，还可能被视为不敬。用餐时，习惯用手指而非餐具，但应像使用工具一样使用指尖取食，并且总是使用右手，即使您是左撒子也是如此，因为左手在那里被认为不洁净。

2. 准时

在意大利，准时并不总是被视为一种礼貌的行为。如果你与一个新的意大利商业伙伴会面，而他们稍微迟到了，不要立即认为这是不受重视或者不礼貌。在这个国家，守时并不被看作是一个特别重要的事项，印度商人也有类似的习惯。相比之下，在许多西方国家，守时则被看作是理所当然的。德国人的职业态度，是倾向于提前且有计划地工作。尽量避免在会议上迟到，因为这会贬低他们对时间的重视，并可能让人觉得你不够专业。因此，最好提前几分钟到达会议地点。

3. 赠送礼物

在商务会议中考虑赠送礼物时，务必确保这一行为不会引起误会或冒犯到对方。在亚洲，送礼是一种被普遍接受的商务实践，但在世界其他地方，如英国，人们可能会对此持谨慎态度，担心它会被误认为是贿赂。在东方文化中，"面子"极为重要。如果你的礼物过于昂贵，可能会让你的中国商业伙伴感到尴尬，所以选择一个容易回赠的礼物更为恰当。

（二）不同国家商务礼仪列举

在与其他国家进行商务往来时，深入了解当地的文化习俗至关重要。不同国家对于恰当礼仪和良好行为的看法可能截然不同。

1. 中国的商务礼仪

（1）赠送商务礼物时，请记住以下几点：双手递送商务礼物，以表尊重；赠送礼物要尊重个人习惯与民族习俗，例如，不赠送钟表，因为钟表在中国习俗中代表死亡，寓意不吉；避免使用黑色、蓝色或白色的包装纸。

（2）服饰着装简单大方，交谈时避免身体接触。

（3）普通话是中国的官方语言，但也要注意在不同地区方言的应用，如粤语和上海话等。

2. 日本的商务礼仪

（1）鞠躬是问候的一种典型方式。有时会握手，但应由日本人主动握手。

（2）团体中的资深成员常常领导商务会议，而年轻成员出于尊重，则较少发言。不同小组中职位相近的人应该坐在对方的对面，初级员工不应该坐在高级员工的对面。

（3）赠送礼物很常见，但应该特别注意如何赠送礼物。千万不要赠送没有包装的礼物。

（4）日本对"不"字特别敏感。即使你不同意别人说的话，也要用"是"来回应。

3. 印度的商务礼仪

（1）虽然约定了出席会议的时间，但如果印度商业伙伴迟到，请不要感到惊讶。

（2）就像在日本一样，"不"这个词在印度被认为是粗鲁的。尝试使用"我们再看看"或"可能"等词和短语，而不是"不"。

（3）如果你的业务伙伴请你吃饭，千万不要在用餐结束时说"谢谢"，因为这会被认为是你要来付款，是一种不礼貌的行为。

（4）印地语和英语都是印度的官方语言。

4. 法国的商务礼仪

（1）预约是至关重要的。在商务和社交场合，不经通知就去拜访某人是不被接受的。

（2）为对方考虑的迟到是一种特殊的礼貌。如果你的法国同事来晚了请不要感到惊讶，这很大可能是为了给你留出充足的准备时间。但如果是约定好的求职面试，请准时到达。

（3）个人着装重视风格。在法国，时尚和外表比世界上其他大多数国家更重要。即使是低薪的入门级高管也会买他们能买得起的最好的衣服。无论是在商务场合还是在社交场合，着装对男性和女性来说都是极其重要的。

（4）送礼物是可以接受的，但要谨慎行事。法国人通常不会在第一次见面时就交换商务礼品。

5. 意大利的商务礼仪

（1）准时不是意大利人的首要任务。当开始与新的意大利合作伙伴合作时，请耐心等待并为延迟做好准备。不要把一个小小的延迟当作不尊重的表现。当必须严格遵守最后期限时，请向你的意大利合作伙伴明确说明。

（2）在意大利的商业文化中，送礼并不是特别常见。只有在你与某人建立了信任、熟悉的关系之后，你才能赠送一份小而不明显昂贵的礼物作为友谊的象征。

（3）意大利是欧洲时尚的主要中心。即使是休闲装也很时髦。商务会议通常需要正式着装。在大多数情况下，男性穿深色服装，女性倾向于穿着优雅而朴素的裤装或裙装，搭配简单的珠宝和化妆品。

6. 德国的商务礼仪

（1）商务活动结构合理，直截了当。不要在商务会议期间开玩笑。

（2）准时。德国人很勤奋，所以你要认识到他们的时间很宝贵。

（3）进入商务会议时，请让最年长的人先进入房间。

7. 巴西的商务礼仪

（1）早退被认为是不礼貌的。商务会议通常比计划的持续时间更长，但在会议正式结束之前不要离开。

（2）自然的身体接触。交谈中自然的身体接触突出了商业伙伴之间的信任。

（3）注重餐桌礼仪。即使吃三明治，也要使用餐巾纸或餐具。

（4）葡萄牙语是巴西的官方语言，但一些巴西人也会说西班牙语，一些地区也说德语。

8. 英国的商务礼仪

（1）与英国人交谈时，试着经常说"请""谢谢"和"对不起"，这被认为是礼貌的表现。

（2）英国人在谈话中通常不会保持眼神交流。

（3）英国人喜欢有个人空间，交谈时不要站得太近。

9. 美国的商务礼仪

（1）美国式的沟通方式是直截了当的。见到美国人时，简单握手，说"你好"，同时看着他们的眼睛。美国人不介意被直呼其名，但如果你不确定，随时询问他们希望如何称呼。

（2）美国人习惯于轻松、开放的肢体语言，而且他们经常微笑。他们对个人空间有敏锐的感觉，如果你站得太近或坐得太近，他们会做出防御性反应。

（3）参加大多数商业活动的第一次会议，正式的商务套装是必要的。也有一些例外，如初创的科技公司，但除非另有说明，否则仍需穿着正式服装。

（4）在美国，准时是最重要的。迟到就是在浪费时间和金钱。准时到达，迅速投入工作并坚持实施计划是美国的普遍做法。美国人认为时间是极其宝贵的，迟到被认为是不礼貌的行为。

（5）大多数正式会议会严格遵循会议议程。会议各环节被限制在特定的时间内，发言人要在分配的时间内结束讨论。因此，必须确保演示文稿不会超出时间限制，尤其是最后的邀请提问环节。

三、涉外商务礼仪教学的跨文化培养

"互联网+"的迅猛发展，不仅加速了全球经济一体化的步伐，也促进了高等教育教学改革的深化。在当下，跨国商务交流已经成为推动我国经济增长的关键动力之一。

（一）涉外商务礼仪教学的现状

遵循国际商务礼仪不仅能够促进商业活动的顺利进行，同时也是体现国家公民素养、提升我国在全球舞台上形象的重要手段。因此，涉外商务礼仪课程应被视为商务英语专业学生的一门基础课，并且是培养具有国际视野的商务专才的关键课程。

1. 教学模式单一

涉外商务礼仪课程强调实践性和操作技能，学生只有在真实环境中应用所学的规范和礼仪，才算是真正掌握了课程内容。然而，从商务礼仪课程教学现状来看，多数教育机构在教授这门课程时过于侧重理论知识的传授，仍旧集中在基础理论、基本知识和框架的介绍上。这种单一的教学方式往往忽视了课程的"实操性"，导致学习过程缺乏趣味性和互动性，学生的参与度降低，更难培养出具备实际商务礼仪技能的专业人士。这种偏重理论而忽视实践的教学模式，不仅不符合商务英语专业人才培养的目标，也不利于适应"互联网+"时代背景下应用型课程改革与创新的需求。

2. 教学配套设施不齐全

涉外商务礼仪课程的许多教学单元需要在模拟实际情境中进行。这涉及教学场所、操作软件和实训设施等配套设施。然而，很多高校的商务英语专业并没有给予这门课程足够的重视，导致相关的教学和实训设施不够完备，且更新不及时，这为课程的完整性带来了不小的挑战。鉴于商务礼仪课程的教学需求以及应用型课程适应时代发展的创新要求，传统的教学实训方法已显得过时，难以跟上商务活动尤其是国际商务活动与国际化趋势的快速变化。这种情况在一定程度上阻碍了学生掌握专业技能，限制了他们国际视野的拓展，也不利于培养和输送顶尖的涉外商务人才。

3. 专业师资队伍缺乏实践背景

在涉外商务礼仪课程的培养目标上，该课程与其他专业基础课有所区别，不仅需要包含系统性的理论知识，还要求学生具备扎实的专业技能。然而，许多高校的商务英语专业教师通常仅具有英语专业的学术背景，而在人才培养计划中，这门课程的课时分配相对较少，也并非核心必修课程。因此，大多数负责教授这门课程的教师缺乏实际商务活动的经验，或者没有足够的实践经验来将理论与实践相结合,仍然只是停留在理论讲授上。这样的教学方式无法满足涉外商务礼仪课程对创新性和实践性的要求,自然也无法达到预期的教学成效,从而影响了教学目标的实现。

(二)高校商务礼仪教育改革的核心原则与方向

在高等教育体系中,商务礼仪课程肩负着培养学生尊重意识与提升商业交流能力的重任,它所教授的标准规范不仅有助于在互动中展现对他人的敬意并拓宽合作机遇,更凸显了个人的专业素养、文化内涵以及道德品行。商务礼仪教育的核心目标在于通过整合系统的理论知识与实践技能训练,促进学生品德修养的提升,并助力他们在职场环境中树立良好的职业形象,同时遵循恰当的行为规范。随着经济社会的进步和日益频繁的商业往来活动,商务礼仪在现代商业运作中的重要性日益凸显,使得该课程在众多高校中已升级为不可或缺的公共选修课程,对学生的未来职业生涯发展具有举足轻重的意义。

面对教育改革不断深化的趋势,传统商务礼仪教学亟须对接经济发展的实际需求,从而推动课程内容与形式的全面创新升级。因此,在策划商务礼仪课程的教学改革时,可着眼于以下几大策略:①情境化课程设计:构建贴近现实商务场景的教学内容,让学生能够在模拟或真实的情境中学习并应用礼仪规范;②标准化实践指导:强化实操环节,确保学生掌握规范化的操作流程,通过重复练习和反馈机制来内化商务礼仪行为;③立体化教学目标设置,从知识、技能、价值观三个维度进行综合规划,旨在培养既具备扎实理论基础又能够灵活应对各种商务场合的学生,实现商务礼仪教育的深度与广度并重的教学目标。

综上所述,高校商务礼仪课程的教学改革应紧随时代步伐,聚焦课程内容的实际应用性、实践操作的有效性和教育目标的整体性,以期充分释放其对学生综合素质提升的积极作用。

(三)高校商务礼仪课程教学改革的实现途径

1. 优化教学资源

优化教学资源可以根本性地改变教学方式。目前,大部分商务礼仪的教科书主要关注理论知识，而附带的习题通常是基于案例进行设计的，这些案例往往并非源自实际的商务实践，缺乏实际应用性，内容也过于雷同，导致课程内容乏味。如果教师本身没有丰富的实践经验，那么课堂教学的效果自然难以达到预期目标。在当今"互联网+"的时代背景下，许多新颖的商务礼仪应用案例都可以、也应该被整合和优化，成为教师可以参考和借鉴的教学资源。一些优秀的商务网站、软件、应用程序等也可以为教学资源的丰富增添色彩。

2.丰富教学方法

运用多样化的教学方法可以有效地激发课堂活力并增加教学的趣味性，这对于实现教学目标和提高教学效果都极为有益。对于商务礼仪课程来说，教师可以采用动作示范、视频展示、课堂讨论、情境模拟等多种教学方法，改变传统的教师主导教学模式，让学生成为课堂教学的主体，以主动参与的态度投入课堂学习中。在分析案例时，鼓励学生主动思考和实践，同时教师可以在每个教学模块中设置相应的项目化作业，让学生全程参与，从实践中体验知识应用的乐趣，并发现自身学习的不足之处，从而深化学生对理论知识的理解和内化，以达到深化学习效果的目标。

3.革新考核方式

更新考核方式是商务礼仪课程创新的关键。鉴于商务礼仪课程的强实践性，其评估方法不应仅限于其他传统课程的常规模式。在高校英语专业中，传统的课程评估通常采用平时成绩加上期末考试成绩的形式。然而，商务礼仪课程在教学内容和方法上的灵活性为学生学习成果的评估提供了新的可能性。情境模拟和项目化学习应该有针对性地纳入最终评估内容，因为学生是否真正掌握了基本的商务礼仪知识，不仅体现在理论考试中，更直观地反映在他们的日常实践中。

（四）商务礼仪课程教学的跨文化培养策略

在商务英语的教学过程中，我们不仅需要让学生学会基础的英语沟通技巧，还应该深化他们对礼仪文化的认识，从而巩固他们对商业文化的了解，并进一步提升他们的跨文化交流意识。我们可以从以下两方面寻求商务礼仪课程教学的跨文化培养途径。

1. 增强学生跨文化礼仪意识

在商务英语的教学活动中，存在众多跨文化交流的实际情境。教师应充分利用这些场合来提升跨文化礼仪教学的成效，使学生能迅速参与到跨文化礼仪的训练当中。在教室里，教师可以借助课堂设置来引导学生进行商务交流的模拟练习。通过这种方式，学生能够更加深入地理解各种礼仪规范，并对其留下较为深刻的印象。

2. 提升教师跨文化礼仪素养

学生的学习主要来源于教师的指导，其中一部分知识是教师在课堂上直接教授的，但更多则是从教师的日常行为、文化和礼仪修养中间接获得的。因此，教师在此过程中扮演着至关重要的角色。为了更有效地将这些知识和技能传授给学生，教师需要不断提升自己的商务英语专业技能和跨文化交流能力。教师只有提高自身素质，才能在学生进行情境模拟和跨文化实践时，准确地指出他们的不足之处。

（五）跨文化商务礼仪教学案例参考

1. 着装礼仪：商务休闲装还是正式商务装

张女士就职于当地的一家软件企业，她在10天前收到了一份邀请函，是来自一家德国公司举办的产品发布活动。这份邀请函她随手放在了办公桌上，并未特别重视。该发布会安排在当地的一家酒店内，形式为一场早晨的研讨会。根据邀请函上的日程安排，参会者应在早上8:30抵达，9:00活动开始；与此同时，会给到场嘉宾提供自助式早餐。鉴于她所在的软件公司的着装要求是商务休闲风，张女士选择了搭配卡其裤与长袖衬衣。她现在查看手表，时间显示为上午8:50，她自认为已经按时到达。当她走进会议室时，一位同事在签到处迎接她，她随即注意到，会议室内其他与会者都身着正式的商务服装。

问题：

（1）请指出张女士所犯的礼节性失误。

（2）请就上述情境给出遵循商务礼仪的建议。

2. 赠送礼物礼仪：招待日本客户

一位美国的出口经理曾经招待过一群重要的日本客户。由于知道日本人喜欢送礼，这位美国人在餐桌的每个座位上都摆放了一份盒装的小礼物，是一把瑞士削笔刀。在大家入座后，他坚持让客人打开他们的礼物，客人打开了自己的包裹，而这位美国高管得到的却是一片沉默。

问题：

（1）这位美国出口经理在赠送礼物时犯了什么礼节性错误？

（2）你认为给日本客户赠送什么样的礼物较为合适？

3. 拓展：赠送礼物的商务礼仪

选购礼物给同事或客户可能是一件棘手的事情。在遵循商业礼仪的同时，挑选出完美的礼物并非易事。不管是逛商场翻看节日礼品目录，还是上网搜索，以下建议将帮助你找到合适的礼物，赢得赞赏，并在他人心中留下正面的形象。

（1）遵守公司政策。如有疑问，不妨询问客户或其人力资源部门。

（2）考虑客户的兴趣。了解客户的喜好，运动、爱好或娱乐活动，以及他们喜欢的食物或饮品。

（3）注意预算。廉价的礼物可能会让人觉得你小气，而过于奢侈的礼物则可能导致尴尬或疏远。

（4）慎重使用公司标志。确保礼品质量过硬，公司标志设计得低调，避免给人过度广告的印象。

（5）保持适当。有时候，礼物也可能被误解，尤其是送给异性时，要避免任何可能引起误会的亲密物品。

（6）谨慎选择幽默礼物。对某人来说有趣的东西，对另一个人可能是侮辱。了解客户的幽默感很重要。

（7）考虑慈善捐赠。找出客户支持的慈善机构，并代表他们进行捐赠。这样每个人都是赢家，既帮助了需要的人，也避免了不必要的礼物堆积。

（8）包装要精心。将礼物包装得漂亮，以喜庆的方式呈现。

（9）团体礼物要大方。如果决定送食物到客户办公室，需要确保足够大家分享。

（10）记住送礼的目的。礼物是为了表达感谢，让人在商业往来中记住你，也是向支持者表达感激的一种方式。

总而言之，商务礼仪在商业交往中具有重要的实际和象征意义，反映了一个人的修养和素质。正如比尔·盖茨所言，商务礼仪在代表和宣传企业形象方面起着重要作用。员工的素质竞争是企业间竞争的关键，也是企业保持优势的重要途径。无论是在商业活动还是日常生活中，一个人的修养都体现在细节上，而这些细节正是个人素质的展现。中国之所以重视礼仪，是因为它的凝聚力作用，这也是孔子在春秋时期维护周礼和中国历史上重视礼仪发展的原因。

第二节 互联网时代商务英语教学机制

随着社会的进步和发展，信息时代到来的步伐加快。"互联网＋"已经成为现代社会的流行用语，代表着一种新的生产和生活方式。"互联网＋教育"可能会成为教育发展的新趋势和动力源泉。随着经济全球化的不断深化，商务英语作为特定用途的英语教学，应当与"互联网＋"相融合，充分利用大数据时代在专业教育和人才培养模式上的引领作用，实现两者之间的深度整合。

一、"互联网＋商务英语"的个性化教学

商务英语是商业学科与英语教学相结合的结果，其目标是培育具有国际视野的复合型商业人才，即那些能够在国际环境中进行商务交流的英语

使用者。随着跨境电子商务的迅猛发展，不仅传统的 B2B 模式，连新兴起的 B2C 等模式都需要与"互联网+"时代紧密相连。因此，构建一个"互联网+商务英语"的教学体系变得十分紧迫。

（一）培养跨文化商务意识

商务英语这一专业的跨学科本质意味着，学生在进行商务谈判时，不仅需要掌握相关的专业知识与技巧，还必须具有强大的跨文化交流和商务沟通技能。在与来自不同国家和地区的商业伙伴进行交流时，了解并熟悉对方的文化礼节和交往禁忌至关重要，这有助于避开文化上的敏感点，为进一步的商务活动打下良好基础。因此，教师在授课过程中应当重视培养学生的跨文化意识以及基本的商务礼仪知识。此外，随着经济全球化的发展、信息共享速度的加快，许多专业知识不再是贸易往来中的核心竞争优势。商务人才的个人素质，尤其是在跨文化商务环境中的交际能力，已经变成了竞争的优势所在。

（二）构建"互联网+商务英语"的个性化教学体系

"互联网+商务英语"的定制化教学框架基本囊括了商务英语教学的所有方面。教师需要更新他们的教学观念，放弃传统的英语教学模式，鼓励学生更多地参与到"商业知识+英语语言技能"的自我学习中，尽可能地利用"互联网+商务英语"的自我学习平台。也就是说，教师可以专注于教授基础知识和专业信息，但在知识应用层面，可以利用"互联网+"不断更新的大量数据，整合网络资源，为学生构建一个商务英语实践训练的网络平台，让学生在实际操作中获得最直接的商务体验。教师可以根据教学内容选择课程案例，根据学生的基础水平，将他们分成 3—4 人的小组进行协作，自行分解每个商务实践任务的小部分，记录整个过程中的问题和解决方案，无论成功还是失败，最后都要进行总结和分析。在这个环节中，教师可以扮演指导顾问的角色对学生们的实践练习给予专业建议，尽管最终的学习决策权仍掌握在学生手中。为了便于学生逐步消化并牢固掌握商务实践的理论知识及实际操作技能，每间隔 2—3 节课设定一个学习单元或周期。在教学效果评价系统中，教师可以利用网络平台，综合考虑学生的基础知识、中期表现和后期分析，进行量化评分，从而构建并实现"互联网+商务英语"的个性化教学框架。

（三）加大校企合作的个性化定制力度

商务英语领域对实际操作和知识应用的要求较高，掌握许多知识的核心在于实际应用。随着跨境电商的飞速发展，跨文化商务人才必须迅速适应这种新兴业态，在加入行业之前至少要能熟练操作相关流程，以满足社会的发展需求。因此，一方面，可以邀请企业实战人员进入课堂，为学生提供最新、最热门、最实用的操作技巧。另一方面，可以走出去，利用"互联网+"的背景，寻找与专业对口且拥有良好培训发展基地的企业，让学生在大学期间就能参与企业的实际工作，将所学知识付诸实践。在这两个过程中，不同学校的商务英语专业都可以找到符合自身办学条件和学生基础的企业，实现个性化的校企合作，达到双赢的效果。

二、"互联网+商务英语"的优化路径

在社会变革与经济蓬勃发展的大背景下，地方本科院校正面临向应用技术型教育模式转型的迫切需求。要成功转型为这样的高等教育机构，首要任务是对专业课程体系和教学方式进行深度革新。尤其是在全球经济一体化趋势不断加深，以及"互联网+"时代以势不可当的速度席卷全球的背景下，学校对商务英语专业人才的培养规格与社会对其能力素质的要求也随之显著提升。

（一）"互联网+"：赋予商务英语崭新机遇

互联网作为一种颠覆性力量，已经深深地渗透并变革了现代社会生活的方方面面。特别是在2015年，国务院发布了《关于积极推进"互联网+"行动的指导意见》，这份文件明确界定了"互联网+"理念的本质内涵及其在国家战略层面的重要性，它昭示着我国已将"互联网+"视为国家发展战略的重要组成部分，并视其为驱动未来社会创新和形态演进的核

心动力。在此背景下，商务英语的教学实践必须紧跟这一时代步伐，充分利用互联网技术的优势，深度融合各类行业知识与社会资源，以确保课程内容既具有鲜明的时代特征又具备高度的应用价值，并进一步强化教学各环节之间的有机联系，从而实现更具针对性和个性化的教育模式。

这意味着，在商务英语教学中应积极引入网络技术和在线教育资源。线上线下的有效结合，使学生能够更加系统化、高效地学习和掌握专业知识及技能，同时增强他们在瞬息万变的全球商务环境中应对挑战的能力。这种与时俱进的教学方式，不仅有助于提升商务英语专业学生的综合素质和就业竞争力，更为他们搭建起了一座通向广阔职业领域、对接市场需求的桥梁，提供了丰富的实践机会和发展平台。

（二）局限与滞后：传统商务英语教学面临的挑战

当前众多商务英语教学设计遵循相对固定的流程框架，尽管这些框架在构成元素、层次结构和适用范围上有所差异，但都围绕"学习者、目标、策略、评价"四大核心要素展开，并沿用"分析、设计、实施、评估、修订"的通用步骤，致力于标准化和操作性教学。然而，在"互联网＋"时代下，信息量爆炸式增长改变了我们获取和处理信息的方式，传统的商务英语教学模式已经无法完全满足该领域人才的成长需求，也难以紧跟瞬息万变的社会需求步伐。具体体现在以下几个方面。

1. 课程设置滞后于时代发展

很多应用技术型本科院校提供的商务英语课程沿袭了传统英语专业的课程架构，过于侧重基础英语能力培养而忽视了商务知识的重要性。尤其在低年级阶段，课程内容主要集中在基础语言技能训练上，而非商务知识的学习，这种传统英语教学路径显然已不再适应现代社会的需求。到了高年级，尽管开设了如"外贸函电""国际市场营销""商务谈判"等课程，但对于跨境电商等新兴商务形式的涵盖不足，导致课程内容与实际就业市场需求之间存在明显脱节。

2. 教学方式单一且被动

目前的教学方法多依赖教师单方面的讲授，学生则处于较为被动接受的地位。课堂上教师讲解知识点,课后学生通过复习来巩固运用。这种单调的教学过程缺乏让学生亲身实践和主动操作所学知识的机会,单纯注重传授而轻视了学习过程中的实践应用和对商务沟通技巧的培养。

3. 教师实践经验相对匮乏

商务英语专业在地方本科院校中的起步相对较晚,多数任教教师虽有扎实的英语专业背景,但在商务实践经验方面却较为有限。虽然部分教师可能参加过相关培训或进修,但真正具有丰富实战经验的师资力量仍显稀缺,这构成了快速发展的商务英语专业的显著短板。

4. 教学实践相对封闭

尽管许多地方本科院校正积极与当地企业建立校企合作关系,但商务英语专业的实践教学主要通过学生顶岗实习来完成。虽然这种方式能够锻炼学生的现场工作能力并提高其实务技能,但由于教师在此过程中的参与度不高,往往不能准确把握理论教学与实践活动的有效对接,不利于形成教与学相互促进的理想状态。

(三) 依托"互联网+"的商务英语教学改革策略

1. 精准定位专业设置

应用技术型本科教育机构肩负着培养具备扎实实践技能和勇于创新、创业的高质量人才的重要职责,这类人才是推动经济社会持续发展的重要驱动力。商务英语作为英语在实际应用领域的一个关键分支,在高等教育改革与转型的过程中扮演了至关重要的角色。各院校在设计与实施商务英语课程时,应当紧密结合自身办学特色、优势学科领域以及社会经济发展需求,充分考虑到学生的个体能力和市场需求差异,以期提升商务英语专业的教学质量,培育出符合国家多元外语人才培养战略目标的专业人才,并积极探索一条具有深厚内涵、具备可持续发展潜力的特色化发展模式。

2. 深入挖掘并优化整合课程资源

当前处于"互联网+"的时代背景下,信息获取与资源整合的能力得到了前所未有的增强。利用大数据技术及移动互联设备构建虚拟学习社区和在线课堂已成为现实。因此，如何高效地发掘并合理配置丰富的课程资源成为教学准备工作中的重要环节。学校和教师应依据实际情况，密切关注区域社会经济发展的需求变化，通过科学的方式调配和最大化利用各类教育资源，从而提高课程资源利用率和整体的教学质量。针对商务英语专业而言，应当深入研究本地乃至全国范围内对该类人才的实际需求情况，以此为依据指导和调整课程资源配置策略。

3. 全面提升教师队伍的专业素养和能力水平

提升教师队伍的专业素质，首要任务在于更新教育教学观念。教师必须深刻理解商务英语的核心特性，突出学生在学习过程中的主体作用，始终秉持以人为本的教学理念。同时，还需高度重视教师在商务实践领域的经验和能力积累。在大数据时代背景下，商务英语教师不仅要精通商务理论知识和英语语言技能，更要深入了解国际贸易的运作流程，并尽可能具备相关企业或电子商务行业的工作实践经验。

4. 构建"互联网＋商务英语"跨文化教学新模式

"互联网＋"环境代表了一个数据集成和重组的信息网络空间。将这一概念融入商务英语教学中，特别是在跨境电子商务迅速崛起的今天，对于培养跨文化交际能力至关重要。无论是传统的跨国贸易还是现代的跨境电商活动，跨文化交际都是从业者和商务英语专业学生必备的技能之一。

总的来说，借力于"互联网＋"信息化时代的优势，应用型本科院校的商务英语教学拥有了广阔的发展前景和优化空间。随着全球化进程的加速和商务英语学科的不断演变，结合学生个体学习需求与商务人才职业需求，推动"互联网＋商务英语"跨文化教学模式的创新发展，创建一个动态的商务英语知识网络体系，不仅是对应用型本科院校发展目标的积极响应，更是落实商务英语教学改革路径的具体实践。这样的教学模式能够最大限度地发挥商务英语教学资源的作用，使人才培养突破传统教学场景限制，更加贴近社会实践需求。

三、"互联网+商务英语"的教学模式

"互联网+教育"并非简单的技术叠加,而是一场从本质上对教育体系进行深度革新与创新实践的变革。它强调通过信息技术和互联网平台对教育领域进行全面、深入的融合渗透,将互联网思维贯穿于教学设计的各个环节,包括课程内容组织、教学方法创新以及教学质量监测等各个层面,从而催生出前所未有的教学形态与模式。在当前全球经济一体化趋势日益加强的社会经济背景下,特别是在高校商务英语专业的教育教学改革中,如何紧密结合并运用信息技术以实现教育资源的高度共享和高效利用显得尤为迫切。

(一) 传统商务英语教学所面临的挑战及局限性

随着全球经济一体化进程不断加快,中国对于具备坚实语言基础和深厚商务知识底蕴的商务英语专业人才需求持续增长。众多高等教育机构,特别是那些正在积极向应用型本科转型的院校,纷纷设立了商务英语专业。

1. 课程内容未能紧跟时代发展步伐

当前,许多高校商务英语专业的核心课程仍主要围绕着传统的国际贸易实务设置,如"外贸函电写作""国际市场营销策略""商务谈判技巧"等经典课程内容。然而,在信息技术飞速发展的今天,商业环境正经历着多元化、数字化的巨大变迁,诸如跨境电商 B2B 和 B2C 市场的迅速崛起,这些新兴业态对商务英语专业教育提出了与时俱进的要求。遗憾的是,现行的商务英语专业课程体系往往缺乏对互联网时代新兴商业模式的前瞻性思考和全面涵盖,导致无法在教学内容上及时跟上行业发展步伐,出现了对新领域知识传授不足甚至缺失的现象。

2. 教学内容实用价值有限

商务英语作为一种特殊用途英语,应着重培养学生的实际操作能力并储备应对不断变化的商务环境所需的知识。但由于教材更新滞后等问题,

教师授课时往往受限于课本内容，难以及时引入新的行业词汇、术语以及反映真实商业情境的教学材料，造成毕业生进入职场后发现自身所学与现实工作需求脱节，专业实用性大打折扣，面临尴尬境地。

3. 教学方法相对单一且理论导向明显

在当今信息化时代，多媒体和网络技术在教学中广泛应用，多元化的教学模式蔚然成风。然而，在商务英语教学实践中，许多高校仍在沿用相对传统的教学手段，尤其是在课堂上过分强调教师的主导作用，学生则扮演被动接受者的角色，师生互动与生生互动相对匮乏。尤为关键的是，实践操作类课程数量稀少，形成了重理论轻实践的教学倾向。

4. 教师背景的专业复合性不足

相较于其他学科，商务英语作为一个新兴专业，很多任教教师可能缺乏足够的商务实践经验。即使他们具备一定的商务理论知识，但这些知识往往局限于书本，并未经过实战检验。这一现状使得教师在教学过程中难以充分融合商务实践元素，无法全面培养学生的核心商务能力与专业素质。商务英语中，语言是工具，商务知识才是灵魂；若教师专业知识结构偏向语言一侧，忽视商务实务，或者不能及时更新专业知识库，教育内容就会显得过时且欠缺专业性，这显然无法满足商务英语专业人才培养的需求。

(二)"互联网+商务英语"教学模式的创新潜力与独特优势

1."互联网+"背景下的教学新机遇探索

互联网作为全球信息资源的巨大熔炉，编织出了一张错综复杂、无远弗届的信息网络，为教育者和学习者创造了无比丰富的、持续更新的教学资源库。随着大数据技术的飞速进步，学习者获取知识的方式变得前所未有的便捷高效，移动设备则成为构建虚拟课堂和互动式学习社区的理想平台。因此，在"互联网+"的大背景下，教学模式相比传统方式展现出了显著的变化和升级，体现在教学形式的多样化、教学渠道的灵活化以及教学媒介的智能化等多个层面。

2. 商务英语教学与"互联网+"理念的深度融合与协同效应

在"互联网+"的理念指导下，商务英语教学得以实现与现代信息技术的无缝对接。这意味着教师可以借助互联网平台和工具，设计出更具实战性和体验性的商务场景模拟，引导学生在虚拟环境中运用英语进行商务沟通与谈判，提升其跨文化交际能力。同时，"互联网+"也意味着教育资源的共享与协作更加广泛，不同地区、不同学校的学生都能接触到前沿的商务理论与实践案例，通过在线交流与合作，拓宽国际视野，培养全球化思维。

（三）构建商务英语多元化互动教学模式的探索与实践

1. 多元化互动教学体系的构造

"多模态"这一教育理念突出了多种符号系统和资源的整合与协同对于意义创造与传播具有显著的意义价值，并在各类文本、交流互动中扮演着核心角色。步入21世纪初叶，斯坦等人提出了多模态教学法的核心原则，强调教学活动应围绕学习环境中的多元感官通道进行设计与评估，视整个课堂教学为一个多维度、多层面信息传递的表现空间。基于此，作为一种先进的教育策略，多模态教学鼓励教师在理论框架指导下，充分利用网络技术、图像展示、视频演示、角色扮演等多种工具和教学手段，激发并调动学生的视觉、听觉乃至触觉等多重感知能力，将这些丰富的感知体验有机地编织成一条高效且富有启发性的学习路径。

实际开展多模态互动教学，能有效地挖掘并激活学生的多元智能潜能，使他们在学习过程中展现出更全面的发展可能性。传统上仅作为知识灌输者或技能教练的教师角色得以转变，成为引导学生发掘自身潜力、选择最适合自己的学习方式以及激活各种感知途径的教学导师。在这个过程中，学生通过接触、解析、记忆多模态形式的信息内容，并通过反馈和交流形成有效的互动过程，从而深化对商务英语知识的理解，促进知识内化。在商务英语教学实践中，教师可以构建一个包含丰富多模态语料库和教育资源的网络平台，营造出支持师生间、生生间多层次、多元化互动的教学情境。这样，学生能够从不同的角度和途径来理解和掌握商务英语知识,实现个性化的认知建构与创新思维的发展。这样的教学模式,不仅使得商务英语知识的学习更具生动性和实用性,而且有助于培养学生的跨文化交际能力和适应未来全球化工作环境所需的专业素养。

2.结合"互联网+"理念的商务英语教学创新实践

在当前"互联网+"时代的大背景下,知识的开放性和共享性对语言服务行业产生了深远的影响,并向传统的教学模式提出了全新的变革诉求,同时也为"互联网+商务英语"教育创新铺设了宽广的发展舞台。然而,要真正实现互联网技术和商务英语教学的深度融合并非简单的相加操作,而需要从教学理念、课程内容设计以及教学方法等多个维度进行系统化革新和优化,以确保两者能够紧密衔接并共同促进教学质量的提升。

(1)教学观念的转型升级。教学不仅是一个单纯的知识传递过程,更是一个促进学生吸收、转化知识并实现个人成长的过程。在商务英语教学中,教师必须更新其教育教学观念,深刻理解和把握商务英语作为特殊应用型学科的本质特征,坚持学生在学习中的主体地位,积极推广和实践以学生为中心的教学理念。教师应充分利用"互联网+"技术的优势,针对学生的个体差异和需求特点来策划教学活动,力求既满足学生的学习需求,又能有效提升他们的实战技能。在此过程中,教师的角色转变为引导学生自主构建知识体系的导师,同时也是学生合作学习过程中的伙伴,鼓励学生积极参与实践操作,通过团队协作充分调动学生的主观能动性和积极性。

(2)教学内容的与时俱进。在推进在"互联网+商务英语"教学的过程中,保持教学内容与现实世界的同步更新至关重要。鉴于商务英语相较于普通语言教学的独特性,教师需紧跟"互联网+"时代的步伐,将大量真实的商务场景案例融入课程内容之中。例如,在教授"跨文化商务沟通"课程时,除了传授基础的商务礼仪和跨文化交流原则,还应利用网络平台及实时更新的语言数据库资源,为学生提供实际的跨国商务交流实例以供其深度分析和讨论。在网络环境中,源源不断的即时更新资源使得教师可以通过视频、图片、文字等多种模态形式展示教学材料,建立一个持续更新迭代的商务英语教育资源库,从而增强教学内容的真实性、时效性和吸引力,有力地提高学生的学习成果质量。

(3)教学方法的突破与创新探索。在"互联网+商务英语"的多元化互动教学模式下,既要注重个性化教学策略的应用,又要倡导团队合作精神的培养。这种教学模式尊重每个学生的个性化学习风格和习惯,同时鼓励他们在相互学习中取长补短,最终使学生能够掌握零散的知识点并通过积极互动和知识内化,获得必备的商务沟通技巧。在这样的教学环境中,教师不仅要灵活运用多样的教学手段激发学生的多元智能,还要引导学生在团队协作中学会分享、反思和整合知识,以达成更高层次的学习目标。

总的来说,在依托于"互联网+"框架构建的商务英语多模态互动教学模式下,商务英语的理论知识被分解为多样化的表现形式,以满足学生的个性化学习需求,并通过多种互动交流手段提升了整体学习效率。尽管在实施"互联网+"教学过程中可能会面临诸多挑战,但通过不断调整和完善教学策略,培养学生的在线学习意识,引导他们主动利用各类在线平台进行自我学习,对于推动商务英语教育的现代化改革具有重要意义。因此,商务英语教师必须紧跟时代发展步伐,持续改进和优化教学理念、教学内容及教学方法,让每一位学生都能自然而然地接纳和应用"互联网+商务英语"教学模式。如此才能切实推动传统教学模式的深刻变革,使之成为引领教育创新发展的重要动力源泉。

此外,在"互联网+商务英语"的多模态互动教学模式中,不仅要注重个体化教学策略的运用,同时也要弘扬团队合作精神。这种模式充分尊重每个学生的个性化学习风格和习惯,同时也鼓励他们在相互学习的过程中取长补短,最终使学生能够有效地吸收碎片化的知识点,并通过积极互动和知识内化来获取必要的商务沟通技巧。在课前自主学习时,学生们借助网络平台和多模态资源有目的地积累知识;在课堂上,教师角色的转变和翻转课堂理念的践行,使得学生更加积极地参与到学习过程中;而在实践环节,强化校企合作,通过参加创新创业竞赛、项目实训以及企业实习等方式,确保学生能在实践中深化理解,灵活运用商务英语知识,使"互联网+商务英语"教学模式真正发挥出其推动传统教学模式革新的作用。

四、"互联网+商务英语"的人才培育机制

(一) 应用技术导向型本科教育与商务英语专业的融合策略

在 2016 年 12 月 30 日举行的国务院政策例行吹风会上,教育部副部长李晓红宣布了一项战略方案,旨在鼓励部分普通本科院校向应用技术教育模式转型,并将此转型过程与商务英语专业相结合,以实现高等教育体系内更紧密的对接和整合。当前,约有 200 所国内高校正积极参与这一转型试点工作,致力于培养具备扎实实践技能和创新精神的高素质人才。这些应用型本科院校以服务行业、技术创新积累为价值导向,教学模式注重真实场景的应用性,力图实现教育内容与市场需求的紧密契合。

此类院校的商务英语学科,应当充分结合区域经济发展特点以及学校自身的特色教育资源,精心设计并实施具有针对性的课程体系,培养兼具创新与创业能力的专业人才。

(二) 商务英语人才培养现况、挑战深度剖析

当前,在我国众多高等教育机构中,商务英语专业及相关课程已得到广泛设立。然而,在向应用技术型大学转型的过程中,许多高校既然强调理论与实践相结合的教学模式,但在形成独特的办学风格和教育优势方面却面临挑战,未能有效地将商务英语教学与实际应用环境紧密结合。

问题的核心体现在以下几个方面。

1. 培养目标模糊不清

与其他专业相比,应用型本科院校的商务英语教材体系尚处于发展阶段,尚未完全达到成熟和完善的状态。尽管市面上流通的商务英语教材品种丰富,但普遍存在质量参差不齐、缺乏公认的权威认证的问题。一方面,由于商务英语领域的知识更新速度迅猛,教材中的内容常常落后于当前行业发展的步伐,这就导致学生所接触到的知识较为陈旧且未能充分反映现代商务环境的特性;另一方面,理论教学过于刻板,操作性和实际运用能力不足。

2.实践教学力度不足

面对"互联网+创新创业"的时代背景,商务英语等领域的人才需求日益增长,而现行教育体系在强化实践技能方面存在断层,缺乏连续性投入。具体表现为:课堂教学中,教师主导讲解占据了较大比重,而学生主动参与的学习与实践活动相对较少;商务英语的教学理论与实际工作情境之间未能有效衔接,这一点从学生实际商务操作能力的薄弱表现上可以明显看出。

3.地域局限影响显著

随着国际贸易形式的多元化,特别是跨境电子商务等新兴行业的崛起,亟须一批精通商务英语的专业人才。然而,大部分涉外贸易公司和机构集中在东部沿海发达地区或对外开放程度较高的城市,而许多正在向应用技术型转型的地方高校则位于中西部地区或三、四线城市。这种地域差异使得商务英语专业的学生受限于地理位置,难以亲身参与到一线企业和项目中进行实战演练,地理因素成为他们获得实际商务英语运用经验的一大阻碍。

(三)构建协同创新的商务英语人才培养机制

如今,众多地方应用型本科院校正处于转型升级的关键阶段,其商务英语专业传统教学方式单一,创新与创业教育实施困难,个性化和实用化教学面临瓶颈。因此,建立符合时代要求的创新创业型商务英语人才培养协同机制变得至关重要。在"互联网+"的大环境之下,只有通过强化创新与创业教育,并将其与专业教育深度融合,才能从制订人才培养规划、优化课程体系结构、促进理论与实践教学一体化、提升教师综合素养等多个层面共同发力,进而有效地构筑起应用型本科院校商务英语人才培养的创新与创业体系。

1.明晰人才培养战略,强化创新创业精神培养

地方应用型本科院校通常肩负着服务本地经济和社会发展的重任,因此,在商务英语专业的教育过程中,应当明确地将这一目标内化为人才培

养的核心定位,并在此基础上进一步升华。这意味着在制订商务英语专业的人才培养方案时,不仅需要与服务地方经济的目标保持紧密契合,更要强调并深入实施创新创业教育。

2. 精准配置教育资源,优化课程体系构建

在策划商务英语专业的课程体系时,可以商务活动的实际案例为核心,精心挑选并整合各类相关商务英语课程。在不同年级逐步递进地融入这些商务实例,确保理论学习与实践训练同步展开。鉴于"互联网+"的大环境,商务英语课程不仅要巩固学生的专业基础知识,还要涵盖跨文化沟通技巧与国际商务环境认知等内容。同时,拓宽实践教学渠道,采用多元化的教学手段,搭建课内、课外联动的教学机制。

3. 提高师资队伍综合素质,打造高水平双师团队

在应用型本科教育体系中,构建一支兼具跨学科背景和实践经验的双师型教师团队是商务英语专业改革不可或缺的关键环节。首要举措之一是激励商务英语专业的专职教师积极参与企业实训项目或持续进修深造,以确保他们能及时掌握行业前沿动态、更新专业知识结构,并借此机会改进教学手段,提升理论与实践相结合的教学能力。

同时,另一重要方面在于引进外部资源,邀请来自外贸行业或外资企业的权威专家进入课堂,直接向学生传授最新的、最具实用价值的商务英语知识与技能。这些业界专家以其丰富的实战经验和行业洞察力,为培养高质量双师型教师队伍提供了宝贵的实践指导和资源共享平台。

总的来说,"互联网+"时代的大背景,对商务英语专业人才的培养提出了更高的要求。为了紧跟社会经济结构的变化步伐,满足全球化背景下经济增长对复合型人才的需求,那些致力于培养应用型人才的地方本科高校必须审时度势,适时调整教育策略,主动拥抱时代发展潮流。具体而言,需要从人才培养方案的整体设计入手,与时俱进地调整课程内容,全面提升师资力量等方面多管齐下,从而真正培养出能够适应新时代挑战和社会需求的高素质商务英语专业人才,进而为国家及地方经济的可持续发展注入新的动力源泉。

五、英语教育智慧化的跨文化能力发展

美国教育学者约翰·杜威曾经强调，鉴于社会生活的根本性转变，若教育欲对生活产生深远影响，则其自身也必须经历一次彻底的革新。这一变革并非偶然事件，而是社会发展必然催生的诉求。随着现代信息技术日新月异的进步，教育变革在教育领域的关键作用和重要性已经不容忽视；特别是在英语学习与教学场景中，数字化特征日益显著。最近几年，交互式智能设备凭借其推动的协作互动学习方式，在教育领域中逐渐崭露头角，并在提升学习效率、增强学习趣味性和保持学习持久性方面扮演了数字学习环境技术领域的核心引领角色。

此外，对信息技术在英语教学中带来的变革进行深度探索，有助于教师们深刻理解并有效应对信息时代下的教学需求变化，从而不断更新自身的教学理念和方法，以适应信息化社会对新型人才的需求。这包括如何利用数字化工具丰富教学内容、如何构建有效的在线教学资源库、如何借助大数据分析对学生学习情况进行精准评估等多方面的内容。因此，深入剖析信息技术在英语教学中的作用及其带来的影响，不仅是推动英语教学与时俱进的重要课题，也是促进教育公平、提高教学质量及国际竞争力的必然要求。

（一）跨文化能力在英语教育中的深层次含义及其教育理念

跨文化能力是一种能够妥善且高效处理在情感、认知及行为取向上有所差异的个体间互动的能力。换言之，跨文化能力涵盖了对各种文化价值观的深入理解，并借助这种理解来达成有效的沟通，进而识别并应对涉及伦理、政治、宗教、文化、道德、历史、地理及种族差异等复杂情境。在高等教育领域，众多研究者反复强调培养这种能力的重要性。

在英语教育中，有效的师生互动是提升学习质量的关键，而跨文化交流则是这种互动的核心要素。语言背后隐藏的丰富的文化差异与多样性，使得语言学习者在掌握语言技能的同时，也面临着理解和适应这些文化差异的挑战。优秀的英语教师不仅需要精通教学技巧，还需要在跨文化语境中展现出高度的敏感性和适应性。

（二）英语教师跨文化素养的提升路径：融合继承与创新思维

英国著名学者雷蒙·威廉斯曾深刻指出："文化是一种整体的生活方式。"这一观点强调了文化在日常生活中的渗透性和影响力。对于英语教师而言，提升跨文化素养并非一蹴而就的过程，而是需要长期对中、英两种文化进行深入理解，并在教学实践中不断积累经验并反思。英语教学，特别是高校英语教学阶段，教师的作用远不止传授词汇和语法知识，更重要的是引导学生深入理解英语词汇背后的文化内涵，培养其批判性思维能力。为实现这一目标，教师需要在教学过程中有意识地融入跨文化元素，从而培育学生的跨文化能力。这要求教师要不断加深自身对跨文化能力和素养的研究与探索。

语言与文化密不可分，语言教学的本质其实就是对文化的教学。这种文化内容至少应涵盖与源语言和目的语言相关的文化背景知识。对于英语教师而言，有效提升自身的跨文化素养成为一项重要任务。

（三）英语学习者跨文化能力的培养：从意识到实践的升华

对于英语学习者而言，培养跨文化能力是一项系统工程，需要从多个层面进行深化和拓展。

第一，文化意识的强化是基础。学习者应认识到跨文化交流在现代社会中的普遍性和必然性，培养对不同文化背景的敏感度和包容心。

第二，自我文化的反思是关键。学习者应从母语文化的角度出发，尝试用英语去描述和解释典型的母语文化情境。

第三，辩证审视文化的能力是核心。学习者应具备从多个角度观察和审视自身文化的能力。这不仅需要他们了解自己的文化传统，还要求他们理性分析其中的优缺点。

第四，评估、观察和比较技能的磨炼是提升。学习者应学会探寻不同文化之间的线索和意义内涵，通过分析和比较结果，提高自己的跨文化敏感度和理解力。

第五，积极参与跨文化交流活动是实践的必要途径。学习者应充分利用各种机会,与英语母语人士进行面对面的交流,通过实际的语言运用提高自己的听力理解能力和跨文化沟通技巧。

第六,批判性思考和自我反省是升华的过程。学习者应通过撰写报告、进行访谈、展示学习成果等形式,对自己的英语学习过程进行深入的反思和总结。

英语教师在此过程中起着至关重要的引导作用。他们可以根据上述跨文化能力的培养路径,有针对性地设计教学目标和调整教学实施过程。

(四)智慧环境下跨文化英语教育的融合与发展:探索与实践

随着科技的快速发展和全球化进程的不断加速,英语教育在高等教育中的地位愈发重要。如何将快速发展的智能化学习环境与语言教育深度融合,是当前教育领域亟待解决的问题之一。

首先,合理运用智能教学资源是基础。教育者应及时跟进并检验能激发学生个性、智力和道德素质发展的智能教学资源和工具。通过运用这些资源和工具,培养学生的批判性思维和跨文化意识。

其次,构建智能化的跨文化教学活动是关键。借助智能平台和工具,教师应创设真实生动的语言交流场景,为学生提供一个有利于跨文化能力培养的教学环境。

再次,转型智能化教学服务角色是必然趋势。智慧教育条件重塑了教师和学生的关系。在现代英语智慧教学模式下,英语教师的角色不再仅仅是传授知识,更多地成为智慧技术服务的提供者。

最后,建立智能化教学评价系统是保障。评价系统应能准确判断学生是否达到教学目标,教学设计是否满足对学生跨文化能力培养的需求。依托智能平台、软件和互联网资源建立一个完善的评价体系,需要经过长期的教学实践积累以及反复验证和测评。

综上所述,智慧教育作为全球经济发展和技术革新的产物,既充满机遇又面临挑战。未来跨文化能力培养与智慧教育的深度融合,需要教育工作者、学习者以及技术人员共同努力和不断探索创新。

第七章 互联网时代商务英语教学中存在的问题与建议

随着全球经济一体化进程的加快，国际商业活动日益频繁且密切，商务英语教育作为对这一趋势的积极响应也迎来了迅猛发展。诸多教育机构已成功培养出众多具备扎实商务英语能力的专业人士。然而，在审视全国范围内的商务英语教学现状时，我们发现仍存在一些突出的挑战与问题，亟待我们着手解决。

第一节 商务英语实践教学中存在的问题与建议

加强实践教学对于学生的全面发展和主动性培养具有决定性作用。实践教学的核心是动手实践和个人能动性的激发，它在教学实践中尤其重视学生的主体地位，激励学生亲身经历、深度体验、积极探究与创新思考，从而在这一过程中收获乐趣、建立自信、实现个人成就并接受实质性教育。这种教学模式是培育学生独立学习能力和自主发展潜能不可或缺的策略。

相较于理论教学环节，实践教学环节可能被认为在实施中更为复杂且容易受挫，但近年来众多高等教育机构已着手在商务英语课程体系内推行多元化的实践教学法。然而，在实际操作和落地阶段，此类教学改革依然面临一系列亟待破解的问题。

一、商务英语实践教学中存在的问题

(一) 实践教学设施短缺问题显著

在构建实践教学平台的过程中,我们正面临严峻的硬件资源挑战,具体表现为校内实训场所和设备数量有限。高校内部实训室常常无法满足多个班级同时使用的需求,导致实训活动因场地紧张而难以全面开展,这无疑挫伤了师生的积极性。另外,校外实习基地的数量也远不足以支持广泛深入的商务实践活动,使得学生与教师错失真实环境下的操作锻炼机会,进而阻碍了实践教学的有效推进及教学质量的整体提升。

(二) 实践教学管理机制亟待完善

实践教学的组织与管理体系尚存在诸多不足之处,包括不健全的管理制度、模糊的教学质量评估标准以及跟进力度不够的问题。统计数据揭示,在一些高等教育机构中,实践教学管理框架不够清晰、覆盖内容不全且责任分配不明晰,缺乏科学有效的分阶段评价体系,这些问题严重影响了实训教学质量的保障与提升。

(三) 实践教学考核标准欠缺规范性

目前,在实践教学评价方面,普遍缺乏统一且标准化的评价方法,对不同环节的具体考核要求也不够明确。相较于严谨的理论教学,实践教学的考核往往较为宽松。举例来说,理论教学通常有一套详尽的教学大纲、系统化的设计方案、严格的授课计划和教案准备,以及教师间的相互评价等环节;实践教学却未能充分涵盖这些标准,甚至在某些学校并未设定相应的实践教学考核要求。

(四) 对实践教学价值的认识有待深化

当前,许多教育工作者倾向于优先关注理论教学,而在一定程度上忽视了培养实践操作能力的重要性。这种观念偏差源自过去过于倚重理论学习而对实践教学相对轻视的传统教育模式。不少教师需要逐步转变观念,学会将理论知识与实际应用相结合,并在日常教学中注重实践技能的传授。

（五）实践教学规划与实施的精细程度不足

实践教学的组织和安排过程显示出一定的随意性，体现在实训内容设计及时间分配等方面。学期之初制定教学计划时，教研室常忽视对实践教学项目的预先规划，优先考虑的是理论教学部分，导致实践教学没有获得应有的优先地位。实际上，实践教学往往是在完成理论教学后，根据剩余时间来填充，这样的做法使商务英语实践教学无法真正做到以学生为中心，影响到其操作技能的扎实培养，很多关键性的实践项目仅停留在表面认知层次，未能达到深度掌握和灵活运用的程度。

（六）实训教材配套资源匮乏

理想的实训教材应包含实训大纲、详细指导手册、文字教材、专业软件、音视频材料以及计算机辅助教学软件等多元内容。遗憾的是，商务英语专业长期以来侧重于理论教材的建设，而缺少与其配套的专业实训教材。现存的实训书籍内容大多过于简化或形式化，无法提供实质性的实践指导；实训软件稀少，现有的外贸教学系统无法适应多样化的实训课程需求；实训手册的开发滞后，造成模拟实验难以高效进行，社会调查无序混乱，毕业实习缺乏有效组织。实训教材的这一短板严重影响了实践教学的实际效果。

（七）实践教学目标指向性不强，行业针对性缺失

商务英语教学尚未紧密对接未来学生就业地区经济发展和涉外行业的具体实践需求。在多数教育机构中，实践教学往往脱节于"教"与"学"的实际联系，过分依赖于课程考试通过率、资格认证成绩等单一评价指标。这样的教学模式未能确保学生从一开始就接触到职场实用的知识技能，并不能确保学生通过循序渐进的训练体系熟练掌握专业技能。实践教学的目标定位、难度把握以及时间配比不合理，评估手段单一，最终导致教学成果难以满足现实工作的实际需求。

(八) 实践教学内容分散，整体教学体系未形成闭环

教师们各自独立设计实践教学环节，由于他们对课程要求的理解不同，致使实践教学的内容显得零散而不成体系，特别是在一些专业核心课程的实训过程中，缺乏连贯性和整体性。学生在完成学业后往往不能全面掌握相关业务流程，从而难以实现专业人才培养目标中强调的"综合技能"塑造。这种情况降低了实践教学的有效性，使得实践教学体系呈现出碎片化、成效欠佳的特点。

二、商务英语实践教学中存在问题的改进措施

(一) 全面构建并实施立体化实践教学体系

1. 将情境式教学融入实践环节

商务英语专业因其鲜明的语言和文科特性，应以实践为核心驱动力，通过实践活动来促进学生对知识技能的掌握及职业素养的培养。为此，商务英语的教学环境应精心设计为一个模拟现实职场、融合工作与学习场景的认知行动教育空间。利用网络平台和专业的实训软件，创造一个虚拟商务活动情境，使学生在此环境中进行仿真演练。

2. 通过竞赛活动提升实践教学活力

在商务英语课程中，激发学生的主动探究精神和学习积极性至关重要。参与各类专业竞赛能有效激励学生的学习兴趣与创新能力。为了确保学生熟练掌握实训技能并达到参赛标准，可充分利用开放实验室资源。为学生提供优质的课余实践平台，吸引学生积极参与实验操作、实训练习和技能提升活动。

3. 结合岗位技能培训深化实践教学

参考社会培训机构的成功实践范例，我们可以推动一种"三位一体"的综合性教学模式。这一模式旨在将传统的课堂教学与实际的实训场所，乃至企业的真实环境紧密相连，形成一种互补的教学体系。同时，我们提倡学生、教师与行业内的专家进行深度融合，使得教学更加贴近实际应

用，更富有针对性和实效性。此外，理论教学与科学研究、项目工程也应相辅相成，共同构建一个全面、系统的教学框架。

4. 师资力量整合互动

（1）在师资队伍构建上，实践型教师作为关键组成部分，包括负责实践教学管理的教师以及具体指导实践教学的教师。在实践中，理论教师与实践教师相辅相成，理论教师能够深入实训室亲自指导学生实践操作，同时实践教师也能走上讲台传授理论知识。

（2）加强对实践教师的培养和引进力度，打造具有"双师型"素质的教师团队，优化师资结构，确保理论教学与实践教学紧密结合。

（二）商务英语实践教学改革五项突破策略

鉴于当前对商务英语人才能力培养目标及其核心技能需求理解不够深入，导致实践教学各环节之间衔接不畅、内容零散，有必要系统整合现有实践内容，使之更为连贯、完善且综合。实训课程评估应注重实用性和系统性，紧密联系学校教育与实际工作需求，保证学生商务英语应用能力无缝对接职场要求；同时创设仿真的商务实战环境，实现"教、学、做"一体化的工学结合理念，强化学校学习与职业实践的深度融合。为此，在实践教学过程中需着力于以下五个方面。

1. 教育理念上的革新突破

树立以学生为主体的理念，强调引导作用，通过参与式教学方法，使教师从单一的知识灌输者转变为课堂导演、引领者和导航员，而学生则由被动接受者转变为积极参与教学设计、自我管理的主体，充分践行"教、学、做"合一的教学新观念。

2. 实践教学内容创新突破

所有实践教学内容均应围绕真实工作流程，以商务环境下具体工作任务为导向，使教学内容任务化，每个任务都以培养学生能力和满足职业技能需求为核心，依据岗位技能要求细化分析，并参照商务英语职业资格标准，构筑起一体化的"教、学、做"内容框架。

3. 实践教学方式更新突破

倡导小组协作学习模式，鼓励学生组建学习团队，自主、集体、相互学习；营造生动活泼的互动实践课堂氛围；策划一系列让学生深度参与的体验式教学活动；拓宽教学渠道和空间，将课堂内外联结起来，形成多元化、立体化的教学格局。

4. 实践教学目标升级突破

关注三维教学目标的实现，即知识技能、过程方法和情感态度价值观，并注重显性教学与隐性教学相结合的目标设定。

5. 实践教学全程改进突破

建立涵盖教学理念、组织形式至多媒体教学、系列实训等全方位的开放式评价考核体系，构建一个学生深度参与、立体化、系统集成的教学运行机制。

（三）商务英语实践教学应遵循的核心原则

1. 特色发展原则

特色是教育机构持续发展的动力源泉。以素质教育为核心，以技术应用能力培养为主线，以应急应变能力为重点，以产学研合作为途径，是实践教学必须遵循的特色发展路径。

2. 工学结合原则

"工学结合"这一教育理念，实质上倡导了一种将理论学习与实践经验深度整合的教育模式，在我国教育政策中占据了重要地位。坚持实行"工学结合"，意味着要打破传统的教育壁垒，不再单纯依赖课堂教学传授知识，而是强调将学校教育与产业实践紧密结合。具体到商务英语教学领域，该模式要求积极引入涉外行业及外贸企业的专家团队，让他们全程参与到商务英语课程的设计、执行、优化和升级等各个环节之中。这样做的目的在于确保学生能够在更贴近真实工作场景的环境中学习商务知识，并在实践中逐步培养和提升其在未来职业生涯中所需的持续性专业技能，从而更好地满足经济社会发展的迫切需求,并为未来职业市场将要面临的挑战做好准备。通过这种模式,学生不仅能获得扎实的语言能力,还能充分掌握商务沟通技巧、行业规范以及跨文化交际能力,有效提高了毕业生的社会适应性和就业竞争力。

3. 实用导向原则

构建实践教学体系时,务必紧贴专业岗位需求,与行业发展紧密相连。据此原则,可以分层次、有重点地建设实验实训教学平台,如基础技能训练平台、专业岗位技能训练平台、专业岗位实习平台等。

4. 工作过程导向原则

根据实践探索的成果,将"工作过程导向"理念融入课程体系构建是高等职业教育改革的重要战略选择之一。在这一背景下,商务英语课程的结构和内容得到了深度整合与优化设计,被细分为五个核心模块:语言综合技能训练、专业商务技能培养、综合素质教育、实践操作能力锻炼以及素质拓展提升。其中,语言综合技能模块作为整个课程的基础支撑,特别关注学生的听力和口语实际应用能力的强化训练,并通过其他相关课程予以补充和完善,以确保学生掌握扎实的语言基础。在此基础上,建立一套合理化、规范化且标准化的信息技术环境对于实现教学管理信息化至关重要。

5. 混合型教学原则

混合型教学体现在多个层面的融合统一,涵盖了不同教师角色的结合,理论实践教学的一体化,以及教室与实训室功能的交叉互补。这种模式摒弃了以往单纯按学科划分实训室的传统做法,转而对实践教学资源进行重新整合,形成了一个集约化、一体化的混合型实践教学系统。

6. 科学合理的培训机制建设原则

高等教育机构应根据自身条件和教学管理者的需求,最大限度地利用校内师资和设备等教育资源,建立起有序、目标清晰、分阶段进行的培训体系。培训方式可以多样,包括专题培训课程、讲座、分享会、信息技术应用竞赛等。此外，高等教育机构还应利用校园网络资源为教学管理人员提供丰富多样的信息技术学习资料，允许其自主安排进度进行自学。

（四）构建商务英语实践教学规范化体系的举措

1. 系统强化实践教学各环节管理

系统强化实践教学各环节管理，首要任务是对实践教学的所有阶段实施精细化管理，借鉴国内外先进的管理模式，更新并优化整体管理体系。这包括但不限于实验实训教学质量评估、实验设备效能评价、实验实训流程规范审查、实验室环保措施执行以及对信息与档案管理制度化等核心领域进行改进和标准化。随后，结合部门实际情况，制定以岗位职责为核心的规章制度框架，明确不同实验管理岗位的具体责任及管理办法，并对其进行定期考核和效果追踪。

2. 个性化定制实验实训室管理条例

首先，推行"因室制宜"的管理条例，针对各类实验实训室的特性，分别制定相适应的管理规则。其次，确保每个实验室都有一套详尽的设备使用与维护条例，并切实加以执行。

3. 运用现代化手段提升管理水平

首要之举是运用计算机技术等现代管理工具，建立一套涵盖信息收集、整理归档在内的完整机制，确保及时记录实验实训室各项活动数据。同时，强化统计分析与归档工作，保证向管理层提供准确无误的实验实训室运行状况报告。

（五）监控商务英语实践教学体系质量的有效途径

（1）检验实验实训课程内容是否贴合专业特色需求。

（2）审查实验实训项目能否有效锻炼学生的实践操作能力。

（3）监督教师在每次授课时是否有明确的教学目标和要求，并核实指导过程是否充分到位。

（4）验证学生通过实验实训教学后，是否真正掌握了一项或多项实践技能。

（5）通过对实训计划及其成果的考察，审视实训科研或教学改革课题的实际贡献度，并通过整个实训教学指导过程的质量控制，全面评价实训教学质量。

（6）主动征集学生意见，发现问题迅速做出调整并制定解决对策。

尽管我国部分高等学府已建立起较为完善的商务流程实践与实训体系，但这种体系在国内高校中尚未得到广泛普及和应用。目前，在日常教学活动中，实践与实训教学的重要性并未得到充分认识，仍普遍侧重于传统的课堂理论教学方式。多数学生鲜有机会走出教室，深入企业体验真实的商务运作场景，且各大高校间缺乏统一的商务英语实践实训教育体系。当前，众多高校主要依赖语言学理论和方法来剖析商务英语现象，研究语言特点与规律；依据教学理论探寻商务英语教学新思路和新模式；同时也关注国际国内商务英语的发展现状、趋势以及跨文化商务沟通问题。然而，这些做法尚不足以完全满足商务英语高等教育的目标要求。因此，亟须转变过于倚重理论教学的传统观念，将实践实训教学置于更为关键的地位，使之成为商务英语教学的核心组成部分。

第二节 商务英语教学方法中存在的问题与建议

教学方法涵盖了教师引导传授的策略（教法）和学生自主学习的策略（学法）两个相互交织的重要维度，是教授艺术与学习艺术的有机结合。若教法未能紧密结合学法，那么教学将可能由于缺乏目标针对性和实践操作性而难以有效地实现既定的教学目标。

一、商务英语教学方法存在的问题

教学手段，即教师向学生传授知识的方式，在学生对知识的理解和吸收过程中扮演着关键角色。当前商务英语教育领域中，许多教师仍沿用以教师为授课主导的传统模式,这种做法往往忽视激发学生的主动参与、积极思考与独立探索能力,从而导致课堂氛围沉闷,学生多处于信息接收的被动状态。换言之,现今的商务英语教学未能紧密结合未来职业发展需求和行业特性进行精准定位。

此种状况暴露出两个核心问题:一是商务英语教学内容缺乏明确聚焦,面对广泛的商务语境,教师在选择教学重点时感到无所适从,只能教授基础性的商务英语知识;二是各高校的商务英语课程普遍呈现出同质化现象,因欠缺针对性的教学设计,导致教师都在重复讲授相似的基础内容,创新性不足。三是过度依赖母语的教学方式限制了学生运用纯正英语表达专业概念的能力,使得教学效果滞后且单一。教师过于偏重理论灌输而忽略实践环节,无法有效培养学生的实践操作技能,造成学生虽然考试成绩尚可,但实际应用能力相对薄弱的问题。四是单一线性的教学模式降低了学生的主观能动性,减少了讨论、启发、交流等互动环节,不利于培养学生的自主学习能力和批判性思维,也无法锻炼学生将所学应用于工作场景的实践应用能力。

洛克曾有言,优良的方法如同明灯,为学生指引道路,助其进步。目前,商务英语专业的课程设置及其采用的教学策略在很大程度上依然借鉴了传统的本科英语语言文学教育模式。然而,商务英语作为一门实用型的语言学科,其教学目标应当着重于提升学生的英语实际运用效能,以满足社会需求并推动经济发展,尤其需要强调对学生自主学习技巧及团队合作精神的培养。鉴于商务英语的独特性质,亟须构建一套符合自身特点的教学体系,强化课外实训环节,培养兼具商务素养和外语能力的复合型人才。

二、商务英语教学方法的改进措施

(一)教学理念创新与实践

商务英语教育者需与时俱进,接纳并推行创新教学策略和现代多媒体技术。应推广运用案例研究、情境模拟、整体性学习法、讨论式学习、任务导向型教学、启发式引导、合作互助学习、演示展示教学以及特定课程的双语授课等多种教学方式，逐步塑造一个以学生为中心、教师为辅助的互动式教学环境。其中教师充当"策划者""引路明灯"和"导航员"的角色，旨在点燃学生的学习激情并激发他们的学习动力。在教学过程中，特别注重运用启发式教学法和小组合作式学习模式，以培育学生的自主学习能力和团队协作精神为目标。同时，积极筹划课外实践体验，全力打造一种充满活力和积极向上的学习氛围，并通过定期举办各种技能竞赛、英语角交流和英语晚会等活动，进一步激发学生的学习热忱。

（二）教学方法的革新与提升举措

教学方法是教师与学生为了实现共同的教学目的，完成既定教学任务，在教学实践中所采用的一系列具体途径与策略。在商务英语教学中，针对不同项目内容的变化，教学方法也应当灵活多变。可结合以下几种方法开展教学。

1. 商务英语课程体系的模块化构建

商务英语专业的学习者应当遵循一套严谨且层次分明的课程结构，将整体学习过程划分为三个核心模块：基础商务英语能力培养、商务英语实践应用训练以及专业商务技能提升。

（1）在基础商务英语能力培养板块中，学生需要系统性地掌握听、说、读、写、译等基本语言技能，并在此基础上深化对商务对话策略、高效率翻译方法及各类商务文书撰写技巧的学习与运用。

（2）商务英语实践应用训练环节则涵盖了外贸业务中的关键操作，如外贸函电的编撰艺术、进出口单证制作流程、报关报检实务的具体执行，以及电子商务环境下的技术运用等内容，力求使学生能在真实商务情境中得心应手。

（3）专业商务技能提升部分则着重于国际贸易的实际操作能力、国际商务谈判的策略和技巧、对外接待时应有的礼仪规范、跨文化交际的能力以及熟练掌握计算机相关应用技能等方面，全方位塑造学生的商务素养。

高校通过精心设计并实施这三大教学模块,旨在培养出既具备深厚英语语言底蕴,又通晓国际贸易理论基础,能高效处理商务信函与外贸实务,熟知我国对外贸易政策法规和商务礼俗,拥有高水平商务英语沟通能力和扎实计算机应用技术,同时兼具较强的专业技术和一定的组织管理才能的应用型、复合型涉外商务人才。这类人才拥有扎实的知识根基、出色的实践表现和全面的综合素质,能够胜任各种涉外商务工作。

2. 英汉双语教学模式的推行

商务英语专业教育强调以英汉双语教学为主轴,由具有丰富商务实践经验的英语教师独立承担教学任务,巧妙地将商务知识体系与商务英语技能相融合。其目标在于引导学生深入理解并掌握商务词汇及相关概念,实现专业知识与英语技能的无缝对接,确保他们能够在商务场合流利自如地运用英语表达专业术语与内容,从而有效提升其实际应用能力。鉴于学生个体英语水平的差异,双语教学初期可以适度侧重汉语讲解,辅以英语强化,随着学生英语能力的逐步提高,可逐渐过渡为80%至90%的内容采用英语进行讲授。

3. 多媒体教学方式的广泛应用

借助计算机多媒体网络技术赋能商务英语课堂教学,极大地拓宽了教学形式与空间。多媒体教学不仅能够凭借丰富的视听效果激发学生的学习兴趣,还能够有效增强师生间的互动交流,针对教学难点提供直观生动的解析手段,进而显著提高教学效率。通过这一现代化的教学方式,商务英语课堂得以在以下几个方面焕发新的活力,有力地促进了学生商务英语能力的全面提升。

(1) 充分整合计算机多媒体资源,集视、听、口语、翻译训练于一体。

(2) 利用网络多媒体开展线上商务模拟活动,组织学生分组参与。根据设定案例进行角色扮演,锻炼他们分析、判断和总结商务问题的能力。

(3) 通过开发音视频、图文动画等形式生动的课件,辅以交互提问、听说练习、自测考核等功能,创设活泼有趣的课堂环境。

（4）运用计算机辅助教学（CAI）工具实现课堂交互教学，增进师生间的交流互动，让学生五官并用，全身心投入视听说综合训练中。

4.实践教学体系建设

制定详细的商务英语专业实践教学指导文件，明确实践教学目标。对实践教学内容、形式、课时分配及实施时间做出明确规定，规范教师指导和学生实践流程。

（1）在校内实训阶段，我们采取项目或任务驱动的方式设计实训过程，确保学生的学习能力培养贯穿整个实训过程。以"商务英语沟通"实训为例，我们将班级划分为若干小组，模拟成立公司，让学生们进行企业介绍、产品推介、广告创作、商务信函往来、商务谈判及合同签订等一系列仿真商务活动。通过这种方式，学生们可以在轻松愉快的氛围中掌握商务技能，同时将商务英语沟通技巧和商务知识融入实际操作中。

而在"外贸单证操作"课程上，我们充分利用商务实训软件和网络资源，为学生呈现真实的商务函件和业务单据，供他们反复演练，规范函电写作和单证制作的标准。通过模拟真实的业务环境，学生们能够更好地掌握单证操作技能，为未来的职业生涯打下坚实的基础。

（2）在校外基地实习与顶岗实习阶段，我们坚持以职业技能为核心，加强工学结合，让学生在真实的工作环境中检验所学成果。在实习岗位上，学生们能够直观地感受到自身专业技能（如贸易谈判技巧）的不足之处。虽然教师在课堂上进行了多次模拟演练，但只有在真实的实习环境中，学生们才能得到充分的锻炼和提升。

此外，学生们的实习岗位分布在各个行业，工作内容多样，为他们提供了校内实训无法比拟的实战平台。学校通过与企业的紧密合作，建立稳定的校企合作关系，邀请企业专家来校讲座，或安排教师、学生赴合作单位进行实地学习实践，这种合作模式不仅有助于提高学生的实践能力和就业竞争力，还能为企业输送优秀人才，实现校企双赢。

（三）评价体系改革与完善

在评价体系方面，摒弃只关注知识记忆的传统评价方式，避免单纯依赖期末试卷对学生半个学期的学习效果进行评判。我们应当构建一套与人才培养需求相契合的评价体系,该体系应包括知识评估、能力评估以及岗位技能评估,注重对学生能力的培养,全面展现学生的综合素质。我们可以借鉴T.L.萨迪教授提出的层次分析法(AHP),这是一种结合定量与定性的复杂系统分析方法,通过对相关因素按层级划分、比较同一层级元素间的相对重要性,并运用数学方法确定各层级元素的权重,最终依据各项指标得分及其权重值对学生作出综合性评价。这样既能考查学生对理论知识的掌握程度,又能重点考量其应用知识的能力。

教学方法并非固定不变,关键在于是否适合不同的时空条件、对象和目标。商务英语教学过程中,教师应不断尝试和调整教学方法,同时巧妙结合多种教学手法来传授重要的知识点和技能。因为不论某种方法多么优秀,过度重复都会导致学生厌倦,无法取得理想的教学成效。因此,教师应持续更新教学手段,创造出新颖多样的教学变化。

总之,商务英语是一门高度实用的专业,对学生应用能力的要求极高。商务英语教师必须紧贴商务英语学科特点,摆脱传统的教学范式,深化商务英语课程改革,构建体现商务英语特色、适应职业和岗位要求的教学新模式;不断优化商务英语的教学方法;提升自身的专业素养;高度重视对学生实践技能的培训和提升。我们的愿景是培养出一批能够以英语为工具、精通商务专业知识的高层次复合型人才。唯有如此,商务英语教育才能凸显其独特性,为社会输送更多适应岗位需求的商务英语专业人才。

第三节 商务英语教材建设中存在的问题与建议

一、商务英语教材存在的问题

（一）主教材的不适宜性问题

当前，我国商务英语专业的主流教材存在明显不足，国内编纂的教材普遍存在内容滞后、形式刻板的问题，缺乏与实际商务场景紧密联系的实用性及实践性内容，因此难以有效满足教师们开展高效教学和学生们追求与时俱进学习的需求。尽管国际上流通的一些商务英语教材如《剑桥商务英语》被广泛采用，但其内容设计并未充分考虑到中国学生所处的实际环境和文化背景，同时也欠缺对真实商务情境的深度模拟。例如，在提供诸如企业年报、会议纪要等具有现实商务语境的教学辅助材料方面较为匮乏。

（二）实训教材的缺失状况

在国内教育领域，商务英语教材的数量虽多，但在内容更新和时代适应性方面存在显著短板，尤其无法对应21世纪全球通用型人才的培养目标。目前市场上大多数教材过于偏重理论知识的传授，却鲜有配套的实践技能训练教程来强化学生的社会实践能力。为了有效提升学生在实际商务活动中的操作能力和适应性，亟须开发一套与之相匹配、能够切实锻炼商务实践技巧的实训教材体系。

二、商务英语教材存在问题的改进措施

（一）精选教学用书以实现高效教育

为了确保高质量的教学效果和学生的卓越成长，一套优秀的教材是必

不可少的。商务英语这一领域具有特殊性，寻找一本能全方位满足教学需求的理想教材实属一项挑战。理想的商务英语教材不仅需要全面涵养学生的听、说、读、写、译五项基本语言技能，还应融入商务专业知识体系及实践操作技巧。对于实践导向性强的课程，教师应当考虑采用实训类教材，以便学生在学成之后具备实际操作能力。若市场上缺乏合适教材，教师可在课堂教学中适时补充真实商务情境下的案例材料，并尝试自主研发教材，从而提升实训课程的实际效能。

（二）量身定制教材内容以适应社会需求

为使商务英语专业的学生更好地契合社会职业要求，高校必须解决当前教材编写中存在的一系列问题，关键在于编制适合大学生学习特点的辅助教材，并对教材内容进行合理增删、整合优化。教师需积极投身于国内商务英语教材的研发与创新工作，结合学生的实际需求，在借鉴国外原版教材精髓的基础上，针对商务英语的特点设定更高层次的教学标准。通常来说，优质的商务英语教材应当选用真实的语料素材，以英语为载体，覆盖商务活动的所有环节和相关领域知识。

（三）强化专业技能培训的教材体系建设策略

教材建设在人才培养过程中起着核心作用，毕业生素质与其所使用教材的质量紧密相连。在设计教材时，首先，要依据理论教学大纲的要求，挑选难度适宜、紧贴时代脉搏且富含实践元素的优质教材。同时，综合考量行业发展趋势、学院特色以及学生个体差异，联合行业专家共同开发一系列校本教材，增强教材的实用性和针对性。然而，受到社会发展和技术进步的影响，即使是最出色的教材也会带有时代局限性，存在改进的空间。例如，现行商务英语写作教材可能过于侧重备忘录、意向书、会议议程撰写等特定文体的教学，而未充分重视一般商务信函的写作训练，对商务写作理论也只是浅显涉及。因此，在教学实践中，我们不能仅仅依赖教材内容，还需根据课程目标对教学计划做出灵活调整。另外，对于那些对技能操作要求较高的科目，如单证处理、商务函电、口语听力训练、应用文写作、市场营销等，我们应在与校外实习基地及外贸企业深度合作的前提下，根据职业综合能力和理论教学框架确定各门课程的具体技能要点，并将职业技能培养目标细化到每堂课中，初步构建一套既有较强针对性又具备实操性的实践教材系统，确保理论与实践教学的有效融合。

参考文献

[1] 何少庆. 英语教学策略理论与实践运用［M］. 杭州：浙江大学出版社，2010.

[2] 张鑫. 英语教学的理论与实践［M］. 北京：知识产权出版社，2012.

[3] 徐义云. 大学英语写作教程［M］. 北京：清华大学出版社，2012.

[4] 汤熙. 基于内容教学法的商务英语教学实践探索［M］. 苏州：苏州大学出版社，2017.

[5] 林宝珠. 商务英语写作［M］. 厦门：厦门大学出版社，2010.

[6] 何光明. 新国际商务英语写作（第三版）［M］. 上海：上海教育出版社，2017.

[7] 李克兴. 广告翻译理论与实践［M］. 北京：北京大学出版社，2010.

[8] 蒋景东. 商务英语教学论［M］. 杭州：浙江大学出版社，2011.

[9] 魏冰，刘春阳. 商务英语教学与体系构建［M］. 长春：吉林人民出版社，2018.

[10] 刘永厚. 商务英语教学研究［M］. 北京：中国人民大学出版社，2016.

[11] 莫群俐. 国际商务英语（翻译与写作）［M］. 杭州：浙江工商大学出版社，2013.

[12] 李宏亮. 商务英语翻译［M］. 北京：对外经济贸易大学出版社，2010.

[13] 李太志. 商务汉英语言文化对比分析与翻译［M］. 北京：国防工业出版社，2013.

[14] 冯艳昌. 语言·跨文化交际·翻译［M］. 北京：中央编译出版

社,2012.

[15] 施秀川.商务英语翻译与教学研究[M].北京:北京工业大学出版社,2017.

[16] 熊昌英,林丽娟.现代商务英语应用文[M].北京:中国水利水电出版社,2010.

[17] 王盈秋,张莉.商务英语翻译教程[M].北京:北京理工大学出版社,2010.

[18] 徐泉,王婷.英语教学技能训练[M].武汉:华中师范大学出版社,2010.

[19] 温建平.商务英语教学与研究(第六辑)[M].上海:上海外语教育出版社,2019.

[20] 洪卫.ESP教学法的理论与实践[M].西安:西安交通大学出版社,2008.

[21] 钟永发,黄川眉,吴斌.现代英语教学新发展[M].北京:中国商务出版社,2010.

[22] 陈海燕.高职商务英语专业实践教学体系研究[M].北京:北京理工大学出版社,2016.

[23] 陈晓丽.高校英语慕课与翻转课堂教学模式研究[M].成都:电子科技大学出版社,2017.

[24] 邓金娥."互联网+"背景下商务英语教学研究[M].长春:吉林文史出版社,2018.

[25] 高嘉勇.商务英语专业教学改革与实践[M].天津:南开大学出版社,2014.

[26] 郭建鹏.翻转课堂与高校教学创新[M].厦门:厦门大学出版社,2018.

[27] 郝晶晶.商务英语教学理论与改革实践研究[M].成都:电子科技大学出版社,2017.

[28] 乐国斌."互联网+"时代商务英语教学模式研究[M].长春:东

北师范大学出版社,2018.

[29] 杨鹏,骆铮.基于教育转型发展视阈下高校商务英语教学的创新研究[M].长春:吉林人民出版社,2020.

[30] 吕晓轩.商务英语教学评价理论与实践研究[M].哈尔滨:黑龙江大学出版社,2016.